MCS 家庭丛书

养育幸福的孩子

罗 坚 著

重庆出版集团 重庆出版社

图书在版编目（CIP）数据

养育幸福的孩子 / 罗坚著. —重庆 : 重庆出版社，2024.5

ISBN 978-7-229-18575-6

Ⅰ. ①养… Ⅱ. ①罗… Ⅲ. ①家庭教育 Ⅳ. ①G78

中国国家版本馆 CIP 数据核字(2024)第 076029 号

养育幸福的孩子

YANGYU XINGFU DE HAIZI

罗 坚 著

责任编辑：李云伟
责任校对：刘 刚
装帧设计：刘 洋

重庆出版集团
重 庆 出 版 社 **出版**

重庆市南岸区南滨路 162 号 1 幢　邮政编码：400061　http://www.cqph.com

三河市华晨印务有限公司

重庆出版集团图书发行有限公司发行

E-MAIL：fxchu@cqph.com　邮购电话：023-61520646

全国新华书店经销

开本：890mm×1240mm　1/32　印张：7　字数：130 千

2024 年 9 月第 1 版　　2024 年 9 月第 1 次印刷

ISBN 978-7-229-18575-6

定价：49.80 元

写在前面

在本书中，你将不断看到“MCS”这个词。“MCS”是三个英文单词的首字母，分别是：Mission（使命）、Character（品格）和Service（服务）。

教育的主要目标就是要培养出有幸福力的孩子，幸福力包含三个关键要素：使命感、正直善良的品格和服务精神。

它们的具体含义如下：

M：使命。训练孩子，一定要让他有使命和目标感，并且这个使命和目标感，一定是脱离以自我为中心的，这样他才能找到意义所在。我们生活的这个社会，有一个原则，就是我们每个人所追求的自我实现，一定要能给别人带来价值和益处。成就别人的时候，自己也被成就。这就是我们的使命。

C：品格。我们都不完美，但在品格和态度上可以不断成长，成为值得信任的人。

S：服务。鼓励孩子不要去利用别人、碾压别人，而是学会去谦卑服务别人，看到别人的需要。这样的孩子既有幸福感，又有领导力。

多年前，我创办了一家专门从事亲子教育的公司，叫根基成长教育机构，我们的一项主要工作就是从事家庭教育培训。我主讲的一门课叫《MCS家庭教育课程》，就是训练家长和老师们如何培养出有“MCS”特质的孩子。

这本书的内容就来自这个课程，目前已经有许许多多的家庭从这门课程中受益。愿这本书能够带给您启发，帮助您建立正确的教养目标，掌握实用的方法，从而享受您的父母时光。

目 录

1 正确认识父母的角色作用

2 养育法则一：找准方向和目标

3 养育法则二：从“我和你”到“我们”

4 养育法则三：恰如其分地赞赏孩子

5 养育法则四：经营亲密婚姻

6 养育法则五：祝福在时光里

7 养育法则六：重新定义“管教”二字

1

正确认识父母的角色作用

孩子长大以后，当他回忆起家庭时，他们会忘记读过什么书，父母给自己买了什么礼物，也不会因为爸爸赚了很多钱供他读了最好的学校而感动，真正感动他们的，是那些有父亲相伴的时光。那些幸福的时光，才会真正成为孩子美好的回忆。

第 1 章

如何成为称职的父亲
——爸爸的角色作用

培养孩子的幸福力，爸爸是不可或缺的角色。

我们发现一个有意思的现象：来学习育儿课程的，通常是本身已经做得不错的爸爸。他们有一颗谦卑、受教的心，打心底里愿意成长。而那些在父亲角色上存在挑战的爸爸们，反而不太愿意来学习。

我想用马来打个比方。马可以分为野马和骏马，它们的区别在于：野马是不受控的，而骏马愿意接受训练。

如果把男人类比为野马和骏马，野马型的男人容易伤害自己，也伤害别人；而骏马型的男人则愿意寻求智慧，让自己不断成长和进步。

爸爸的角色如此重要，那么爸爸该如何培养孩子的幸福力呢？

爸爸快回家

我说的“爸爸快回家”，不是指爸爸们回家去帮妈妈做家务，而是在家庭中成长为一个更成熟的人，发挥领导力。

我们曾做过一个有3000多人参与的、关于爸爸的问卷调查，结果显示，61%的爸爸在工作日和孩子的有效相处时间不到30分钟。即使在周末，仍然有49%的爸爸，和孩子的有效相处时间不到30分钟。

这份调查还设置了一个题目：妈妈最希望爸爸在家里做的事情是什么？结果可能会让爸爸们感到惊讶，只有1%的妈妈最希望爸爸在家里帮助做家务；52%的妈妈最希望爸爸做的是：规划家庭的方向，领导整个家庭。

中国传统智慧讲究男人要正心、修身、齐家、治国、平天下。我想把“正心”“齐家”放在“治国”“平天下”之前，是要让男人们在家庭中修正己心，训练品格和领导力。训练好了，才能更好地承担责任，在社会中把工作、事业做好。

任何一个男人想要“治国”“平天下”，都不能绕过家庭。有些男人在职场很辛苦，却常常很失败，很大的原因是绕过了家庭，没有先“齐家”。由于缺乏家庭中的训练，这些男人没有发展出一颗去爱他人、帮助他人的心，也没有在家庭中培养出做事业的品格，没有在家庭中学会如何带领家庭。

因此，我鼓励爸爸们不要避开家庭，我们在家庭中不仅仅是训练孩子，更是让我们自己和孩子一起被训练，一起成长。

一个男人如何成长为父亲

如果一个男人回到家，愿意承担父亲的责任，那他会给家庭带来幸福；如果一个男人不愿意有父亲的担当，回家后可能还会给家庭带来麻烦。那么，我们如何学习成长为合格的父亲呢？

第一，学习爱妻子，由激情之爱迈向成熟之爱

很多时候，我们男人容易把孩子看成是自己成功的标志。其实衡量男人成功与否的首要标志，是他的妻子是否被爱、被照顾、被保护。

我们因为激情而相爱，但婚姻超越激情。我们和妻子的关系是一个盟约，需要珍惜。在我和妻子的关系中，我一直都希望她不要受伤害。想想看，她一直是父母眼中的宝贝，从小到大，一路被父母呵护着。

结婚以后，她的父母一定也希望她的丈夫能同样对待她。我自己也有一个女儿，我很爱她，我多么希望将来她的丈夫也能像我一样呵护她、爱她。因此，学会珍惜、体恤、爱护、保护妻子，这是我们男人首先要学习的部分。

第二，学习服务，做别人看不到的小事

俗话说，“仆人眼中无英雄，孩子眼中无伟人”。能塑造我们谦卑品格的，是服务。我在惠顿居住的几年，我们的邻居 Jeff 就是这样一个服务式的父亲。他有 5 个孩子，有一个很美好的家庭。每一个工作日，他下班后就会在家里家外忙个不停：有时候陪孩子打篮球，大部分时间围着家里的院子，修修补补。

我们很多的父亲，下班后，常常不是回家，而是继续在外面参与各种应酬。回到国内，每次看到一群男人下班后，喝着酒高谈阔论时，我就会想起 Jeff。我自己也养成一个新的习惯，下班后回家陪伴家人，而不再参与应酬。我知道，这对于职场中的男人们挺难的，因为应酬是工作的一部分，但是如果我们意识到陪伴家人是更重要的工作，也许我们也有勇气做出一些改变。

第三，学习舍己，付出代价

父亲的成长会经历三个阶段：“浪子”—“儿子”—“父亲”。

我们每个人都是第一次做父亲。我们不知道如何做一个好父亲。大多数时候，我们养育孩子，都是凭着自己的成长经验、个人阅历，或者看周围人在做什么。我们没有笃定的方向，也没有合适的方法，好像一个浪子一样，漫无目的。

渐渐地，我们开始学习一些育儿和经营家庭的知识。做父亲日久，我们的责任心也变得越来越强。我们就像一个听话、懂事

的儿子，每天规规矩矩地生活，也希望妻子和孩子能达到我们的要求。当他们做不到的时候，或者看到他们身上的弱点时，我们就会很生气。

真正的成熟，是我们拥有“为父之心”的时候。这时，我们不再总是去苛责孩子，当他没有把事情做好时，我们不再愤怒，而是从心里生发出一种怜悯之情，我们理解他们、接纳他们，愿意耐心地等候他们。

记得我儿子读初中的时候，有一天，他突然说不想上学了。我说：“那今天就不去了吧，我们聊一聊。”过了一会儿，他又说：“我还是去上学吧。”我说：“那我就陪你去。”我陪他去上学。一路上，他走两步，又停下来，我也随着他停下来。然后，他又走两步，我也跟着他走两步……他不想说话，我也不打扰他。就这样，我们父子俩走走停停。

这种时候，我们常常容易愤怒，或者跟孩子讲道理。但我们要知道，此时，孩子的心里一定很煎熬。我们在这个时候就要陪伴、忍耐，带着一颗谦卑的心跟着、等着。过一段时间，孩子心里的风暴平息了，他自己就想要去上学了；等他愿意开口交谈的时候，我们就去听他倾诉，试着去理解他。

为父之心，就是要放下自己的想法和意愿，谦卑地、心存怜悯地面对我们的孩子。

在和孩子不断相处的过程中，我们会慢慢地成熟，慢慢地有一点为父之心，成长为真正的父亲。

爸爸回家做什么

我很能体谅那些在工作日，陪伴孩子的时间不超过30分钟的父亲们，因为大部分的父亲都在为家庭打拼。

其实，陪伴孩子，比我们“身”在更重要的是“心”在。疫情期间，我们有这么多的时间和家庭在一起，为何我们的关系反而变得更加疏远呢？很多时候，是因为我们的“心”不在。我们的“心”需要放在妻子和孩子身上。

当我们的“心”回家以后，我们还要做些什么呢？要学习和妻子、孩子建立亲密的关系。有了亲密的关系，我们和他们才真正连在了一起。

建立亲密的关系，要有情感的交流，要找他们感兴趣的话题，做他们喜欢做的事，陪伴他们，一起度过欢乐的时光。

孩子长大以后，当他回忆起家庭时，他们会忘记“读过什么书”“父母给自己买了什么礼物”，也不会因为爸爸赚了很多钱供他读了最好的学校而感动，真正感动他们的，是那些有父亲相伴的时光。那些幸福的时光，才会真正成为孩子美好的回忆。

我们千万不要以为孩子是我生的，他就是我们的孩子。除了养育孩子的肉体之身，我们还要用18年的时间滋养他的灵魂和精神。我们要用18年时间把我们的世界观、价值观传递给孩子。很多父亲没有意识到这一点，18年之后，孩子的人生观、价值观，和父亲的完全不一样了。

在我们所做的调查中，有52%的孩子憎恨自己的父母。孩子们不认同我们，这是做父母的悲哀。

我们做父母的，要把智慧、人生观、价值观传递给孩子。当孩子成人以后，使他和我们有共同的价值观和使命。

我们要先回家，和孩子建立亲密的关系，在关系当中去传递那些美善的世界观和价值观。

今年，我过生日那天早晨，妻子大大夸奖了我一番，女儿给我做了精致的早餐和卡片，在美国上大学的儿子打电话对我说“生日快乐”。(他很少主动给我打电话，平时大多是我们给他打电话。) 这些来自家人的祝福，让我体会到，就算我所做的一切都失败了，我依然是世界上最幸福的人之一，因为我有爱我的家人，我们在一起度过了很多美好的、难以忘怀的时光。

我鼓励每一个父亲回到家庭中，学习爱、忍耐、接纳等品格，通过服务去带领家庭。这些在家庭中熬炼出来的特质不但能让你领导好家庭，还能让你在职场中取得成功，让你所在的每个地方都有家一样的氛围。这个世界不欢迎“浪子”，不需要“儿子”型的父亲，这个世界需要那些自己做得好，同时又愿意为别人舍己、心怀怜悯和谦卑之心的父亲。

最后，我想提醒那些想要做一个好父亲的男人们，你不需要给自己太大的压力。我们的妻子并不想要一个完美的丈夫，她们看见你愿意不断成长，就会很开心；我们的孩子，也从未期待过拥有一个完美的爸爸，他们的包容和接纳超出想象。我们不需要做到完美，即使到了80岁，我们的“爸爸工程”依然“尚未完工”，我们依然无法做到完全成熟。但最重要的是，我们在一点点地改变和成长。

愿我们都成长为更好的人，有更好的家，让世界变得更美好。

第 2 章

坚持正确原则养育孩子
——妈妈的角色作用

看到这个标题，可能有人会疑惑："为什么是妈妈的角色作用，而不是爸爸呢？"最主要的原因是我们发现，来参加我们培训、认同我们教育理念的学员 70% 都是妻子。妻子们经常苦恼，如何让丈夫和家里长辈接受我们的理念。

俗话说："家家有本难念的经"，如果每个家庭念同一本经就好办了。一家人按照共同原则，面对挑战时彼此支持，成为团队，这就是培养孩子最好的环境。如果家人对孩子的态度、原则、方法不一样，孩子容易察言观色，聪明地利用父母之间的矛盾、爷爷奶奶之间的矛盾，找到庇护他的人，联手和另一个人斗争。这样的话，家庭就变成了小型的游戏权力场，很难好好培养孩子。

因此，当妻子们学习到了好的理念和方法，家人如果也能共同学习参与再好不过。那么，妈妈们要如何影响丈夫和长辈共同成长，这里分享三个原则。

原则一：不要说“我告诉你一个正确的理念”，而是让家人看到你的改变

首先，理念是否正确，不是你说了算。如果你的理念是正确的，就首先要改变自己，让家人看到你的改变。

常常有很多妈妈听完我们的理念后，觉得非常好，回去就告诉丈夫：“我听了之后，觉得你做错了，你也要去学习。”这是一个糟糕的沟通方式；还有些妈妈可能这么跟丈夫说：“我觉得这个理念很好，你需要和我一起学习。”这种沟通方式比较和缓，但也不合适。因为当你这样说的时候，你已经在论断丈夫，你的潜台词是：你的观念错了。

我们换位思考想一想，要是配偶去参加完某个学习，回来劈头盖脸就说你哪里做错了，谁会高兴呢？所以，你之后越分享，他就越挑刺，甚至想方设法证明你错了。他不但不会被你吸引，反过来还会跟你对着干。

一个人认为自己的理念正确，并且强迫别人接受，这叫“野蛮洗脑”。我们学到了一个理念，要自己先改变，而不是用这个理念去改变别人。学到的东西是我们服务别人的本钱，不是骄傲的资本。如果你觉得“MCS”的理念很好，首先要身体力行，让家人看到你的改变。

好比你想跟别人介绍一棵树，不需要去告诉别人“这棵树

是什么”，最好的方法是先让别人吃到这棵树结出的果子，他们尝到果子好吃，再去告诉他们这个果子从何而出。什么是“树的果子”，你自己的改变就是树的果子。当你结出这棵树的果子，就会吸引他来了解这棵树。

所以，学习课程后，自己态度和行为的改变比收获知识更重要。

原则二：把家庭领导权交还给丈夫

说到“把家庭领导权交还给丈夫”，可能很多人马上就会觉得很有挑战。当然，如果你的家庭一直都是丈夫在带领、做决定，这很棒，继续就可以了。如果目前家里不是丈夫在担任领导的责任，那么妻子能做的就是从帮助者的角度协助丈夫开始负责任。其中最重要方式是，开始把决定权交还给丈夫，让他为家庭做决定。

在我看过的很多家庭案例中，由于丈夫逃避带领家庭的责任，妻子过得很辛苦。有的丈夫基本不过问家里的事情，但至少还供应家庭的经济需要；有的丈夫不但不管家里的事，甚至不供应家庭；还有的丈夫反而需要妻子来支持家庭需要。

碰到这些不负责任的丈夫，妻子指责是没用的，苦口婆心的教导也没有用。妻子唯一能做的就是开始把家庭领导权交给丈夫。因为每个男人都需要一块领地，在这块领地承担带领和保护的责任。有人说，男人不喜欢看电视，他们更喜欢在电脑前看新闻。为什么？他坐在电脑前看新闻那个画面，像极了非洲草原上，公狮子趴在那里观察周围动静的样子。他在观察自己的领地里有什么威胁、什么猎物。因此，当妻子也站在保护和带领的位置上时，丈夫就会和妻子产生权力之争。

后果是，通常丈夫会退出，开始不管这个家了，“你爱管，那让你管吧”，然后妻子独自苦苦维持；要么双方都干脆甩手不管，交给老人。无论哪种结果，都没有赢家。妻子们，在这个世界上，只有这一个地方，你越用力争取，你就会输得越多。

如果想要男人承担带领家庭的责任，妻子要学习让丈夫做决定，而不是自己做决定，开始学会询问：“老公，你最后的决定是什么？”如果你这样做，将获得惊人的回报。

第一个回报，是你自己开始享受被带领的轻松。妻子们没有必要把所有担子都扛在自己肩上。我经常说女人实际上很伟大。在中国，大部分女性成为妻子和母亲后，不光承担了绝大部分照顾家庭的任务，还在家庭之外做一份工作、有一份收入，实际上相当于做了两份工作。如果把家庭领导权交给丈夫，妻子可以放松一些，享受被带领的轻松，不需要那么憔悴，有那么大压力。

第二个回报，你会成为儿女的榜样。你的孩子会看到母亲愿意跟随父亲，父亲通过服务家人赢得妻子的尊重。女儿会从你身上学到温柔，儿子会看到父亲的担当。他们都会把你作为学习的榜样。

第三个回报更加重要：你把一个不太懂事的男人，改造成一个负责任、敢担当的男子汉。丈夫是要陪妻子过一辈子的人，如果你在这个世界上只能帮助一个人成长，这个人最好就是你的丈夫。当你不断去帮助丈夫做决定、支持他时，你会收获祝福，感到放松。要强调一下，你成为帮助者，去帮助丈夫成为负责任有担当的男子汉，并不意味着你在家庭中排在第二位。帮助者并不是从属，帮助者更不是软弱的那方。相反，帮助者是刚强有力的象征，意味着在某些方面你比丈夫更有力量。一个人如果能成为真正的帮助者，意味着这个人不仅仅能搞定自己的事情，还有力量可以去帮助别人。丈夫需要你的帮助，你不是从属。

举个例子，妻子往往更有道德感。我们做决定时，很重要的考量因素就是道德。妻子在是非的事情上往往比丈夫直觉更好，有时候她们“闻”一下就知道事情是不对的，妻子可以用这个优势，帮助丈夫判断事情的对错。

有些妻子说，每次让丈夫做决定总提心吊胆，曾经好多次听他的，最后证明都错了。他做的决定就是没我的好。我该怎么办？如果你确实比丈夫更聪明，我鼓励你不仅要做一个聪明的女人，还要做一个智慧的女人。

聪明的女人会和丈夫争论谁的决定更好，结果就是把丈夫从这块领地上赶出去，把男人逼出家门；智慧女人则提供聪明的建议，但是最后总不忘加上一句：“亲爱的，最后由你来决定。”如果你愿意谦卑，愿意让丈夫做决定，那么你很可能会有双重收获：一方面你聪明的建议被采纳，另一方面还留住了丈夫的心。因为丈夫采纳了妻子聪明的建议，但这个决定最后是由他做出的。

只要不涉及大是大非的事情，家庭的决定都尽可能让丈夫做。这样，丈夫会一点点开始有担当起来，特别是当他意识到，他的每一个决定，都会影响妻子儿女的幸福和人生道路时，他的心就会回家，会真的开始带领家庭。

所以，再次鼓励妻子们，如果你认可我的理念，不要去批评和论断丈夫，而是从自己开始改变，让丈夫尝到这棵树结出的果子：家庭要做决定时，每次都谦卑地问他："你最后的决定是什么?"他尝到了果子，就会想来了解这棵树是怎么回事。

当你慢慢地和丈夫形成默契，你们可以做家庭决策的分工：哪些你可以直接拍板，哪些是要经过讨论的，讨论意见不一致时，结果就要由丈夫做决定。最后还要确定议事规则，在讨论的时候，我建议夫妻双方不要彼此争论，而是角色同步地展开讨论。

角色同步，是指两个人从共同的角度讨论事情，比如先共同从积极层面讨论这个事情；然后再共同从事实层面讨论；接下来再共同从风险层面讨论。这样夫妻双方就不会因为一个意见积极、一个意见消极而争吵起来。而且，双方共同经历事实、积极、批评角度的讨论，能更加全面地分析一件事情。

在夫妻决策中，经过详细的讨论后，妻子最后仍然把决策权给丈夫。在不涉及大是大非的事情上，如果丈夫错了，妻子要接纳和鼓励他。建议大家看看安徒生的童话《老头子总是对的》，也许会让你有所思考。当你身体力行去接纳和鼓励对方时，你是有智慧的，你会慢慢地把青涩的少年训练成为成熟稳定的男人。

还有些妻子的情况是：丈夫目前完全不负责任，无论我如何放下自己，去接纳、肯定、鼓励他，他都不愿意带领这个家庭。不得不说，这样的状况真的很难，我在生活中也碰到过这样的挑战。我想，你的丈夫其实在带领家庭的位置上被掳掠了，他整颗心都被掳掠了，好像变成了一头野兽，无法过承担责任的生活。

当一个男人变成了野兽，该怎么办呢？童话故事《美女和野兽》给了我们启示，好的童话总是代代相传，因为它展现了世世代代生活中的事实：一个美女因为爱而舍己，付出代价和牺牲，终于把这头野兽变成了王子。虽然我鼓励你，成为这样的“美女”，但我不希望用道德绑架你，告诉你应该怎样。我想告诉你，如果你的丈夫是野兽，你靠自己怎么做都改变不了，你需要学习爱的能力，需要接通爱的源头。

在这样艰难的过程中，你需要找到支持你的人，需要有经验有爱心的人陪伴。你需要一个教练，告诉你该怎样走出来。获得爱心的支持可以预防两个极端：一个极端是夫妻二人形同陌路，家庭开始解体；另一个极端是，你的喜怒哀乐都被他影响，稍微一个眼神一个脸色都刺激到你，于是你每天都被丈夫的情绪控制和捆绑。在这样的处境下，你需要获得支持，从丈夫的控制中走出来，需要在爱里面站起来，然后带着怜悯和谦卑去重塑丈夫。如果你找不到支持你的人，别忘了联系我们，我们愿意帮助你。

希望每个妻子都能成为丈夫的塑造者，让丈夫回归家庭、带领家庭。

这里需要特别说明一下，我绝对主张男女平等，不主张男人作威作福。这里说的“男人带领家庭”，并不是指丈夫对妻子呼来唤去。我们一直有强调“接纳、赞赏、关爱、时间”四个原则，在家庭中，是要丈夫通过这些服务和付出来赢得妻子、孩子的跟随。男人在家庭里的定位是“仆人式的领导者”。这个角色很有意思：既是仆人，同时又是领导者。如果不做仆人的角色，妻子和孩子不会从心里面愿意跟随丈夫和父亲；但如果丈夫只做仆人，不做领导者，则是放弃了自己带领和保护的责任。当丈夫把仆人和领导者两个角色结合在一起，就会变成妻子和孩子发自内心愿意跟随的人。

最后，我对身为丈夫的读者有一点提醒：当妻子和孩子不乐意听从你时，永远不要大喊大叫，不要对他们说“你们要尊重我，要听我的话，我是这个家庭的带领者，我是这个家庭的头！”，这没有用。被尊重、听从，影响别人的心，都需要通过谦卑和服务来赢得。任何强迫别人听从，指着别人大喊大叫“必须听从我”的人，都是暴君；任何需要提醒别人尊重自己的人，其实都很心虚。因为没有付出，只能用这种方式来提醒别人。男人要做的，是学习去爱、去接纳、去付出，通过仆人式的服务来获得影响力。

原则三：孝敬长辈并过有界限的生活

有些家庭是夫妻带着孩子和长辈一起生活，这是很大的挑战。如果有可能，建议分开住，哪怕离得近一点。三代同堂一起生活的家庭需要非常有秩序：夫妻关系是第一位，夫妻二人作为一体，然后再去孝敬父母，共同承担养育孩子的责任。但如果老人也在影响养育孩子，那么如何让老人也合理地参与进来？我有三个建议。

第一，建议夫妻双方一起尊重老人、孝敬老人、爱老人。让他们感受到你们的爱，这个很重要。如果他们没有感受到被尊重、被爱，就不会听你的意见。而且，孩子也需要学习孝敬老人的榜样。所以，夫妻二人要先有好的关系，然后一起孝敬老人。

第二，建议让老人看到你们在共同承担责任。为此，夫妻俩不能不管家里的事。我在公园散步时，常常看见一位老人抱着一个很小的孩子，这让我很痛心。我个人鼓励，老人最多只是在我们工作太忙的时候，给搭把手，帮忙收拾一下家务、做顿饭。如果条件允许，最好尽量由父母自己接送、照顾孩子。

从孝敬老人的角度来说，一代人有一代人的责任，他们已经养育了我们，承担了他们那一代的责任，养育自己的孩子，这是我们的责任。如果你的孩子没有和你们在一起生活，而是和老人在一起生活，我相信，你的家庭有你的难处、苦衷。但无论如何，我都建议你尽力寻找办法，把孩子带回来一起生活，努力自己养育孩子。这是因为，为人父母有个很重要的责任，是不仅要养育孩子的身体，还要养育他们的灵魂，帮助他们形成世界观、价值观。当老人看到我们自己在承担养育责任，他们相对就会放心。

第三个建议，让老人看到你的见证，看到你如何使用 MCS 目标，如何接纳孩子，给孩子设立界限，如何安静地管教，如何训练孩子尊敬老人，如何在爱里训练孩子的品格。老人看见我们的见证，就会乐意倾听和接受我们学到的理念。

需要强调的是，和老人的界限很重要。分清楚哪些可以请老人帮忙，哪些不能让他们承担。特别是管教孩子这件事，一定只要夫妻参与。孩子被管教时会哭闹，你这边态度温和坚定，但老人一看孩子哭，可能受不了，想要干预，这个时候要反复和老人说，请他们不要介入到管教当中。在反复的提醒下，老人看到你们孝敬他们，看到你们是负责任的，又看到在你们的管教后，孩子确实开始成长、改变，老人就会开始认同你的理念。

2

养育法则一：找准方向和目标

我遇到过很多长大后放弃努力的孩子，问他们原因，他们说："我一直活在父母的期望里，现在我要开始为自己而活。"

如果希望孩子具有幸福感，父母就需要找到培养孩子的方向：使命感、良好品格和服务意识。一个人想要有持续的动力不断成长，应对生活中的各种问题，追求卓越，都需要有这三个特质：使命感、良好品格、服务意识。

第 3 章

培养孩子，你的方向对吗？

跟很多父母聊天，他们常和我分享家庭中遇到的难题，那些挑战给他们带来深深的无力感，倾听时，我也感同身受。

这些无力感都是由一些具体问题引发，比如孩子学习出现问题、逆反甚至离家出走、各种不配合家长，等等，看似由各种各样原因引发，但在表层之下，实际上有两个更深的根本性原因。

培养孩子的正确方向

第一个原因，我叫它“抓错了”。

先分享一个案例。曾有位妈妈给我发微信说：“如果我教育孩子不尽责、没有全力以赴，那孩子出现问题，我也就认了。但我真的是一个全力以赴去付出的妈妈。孩子出生后，我看了好多书学习怎么育儿，孩子会认字后就开始给他读绘本，6 岁前已经读过一千多本。我一直为自己的付出感到骄傲，孩子情况也一直不错。没想到在今年，18 岁的他，高考前几个月因为压力太大而选择放弃，待在家闭门不出……”

看到这位妈妈讲述的内容，我为她感到难过，她的无力感来源于什么呢？在培养孩子成长的方向上抓错了。有句口号说：不要让孩子输在起跑线上。我们通常关注孩子的成就和表现，尤其是成绩。总是希望投入和产出成正比，毕竟天道酬勤。但是，如果方向错了，那么越努力，越可能带来相反的结果。

很多父母是从子女个人中心的方向来培养孩子。希望孩子学习好，未来上个好大学，以后有份好工作。总之，努力规划的方向就是让孩子做人上人，取得个人成功。这实际上抓错了方向。

如果方向是错的，如果有一天孩子遇到了挫折，就有可能会放弃。还有些孩子也许一直过着个人中心的生活，但终有一天，他会困惑于生活的意义感，会觉得“这样有什么意思”，那时他也许会放弃。我遇到过很多长大后放弃努力的孩子，问他们原因，他们说：“我一直活在父母的期望里，现在我要开始为自己而活。”

如果希望孩子具有幸福感，父母就需要找到培养孩子的方向：使命感、良好品格和服务意识。一个人想要有持续的动力不断成长，应对生活中的各种问题，追求卓越，都需要有这三个特质：使命感、良好品格、服务意识。

这三个特质都与个人中心相反。个人中心会让孩子失去真正的方向，失去使命感，让孩子在生活中很难和别人建立真诚的关系。他想要别人服从他，自己却不愿意服务别人。

拥有者变管家，心态转化驱除恐惧

所以，父母第一个“抓错”是抓错方向，第二个则是抓错了方法。

很多父母非常努力，到处学习，也确实掌握了很多方法，他们认为掌握方法就能搞定孩子。当孩子出问题时，父母会自问：“我是不是没有找到名师？是不是还有一些更好的招数？”于是又继续不断去学习。

但他们学习的目的都是为了改变孩子的行为，为了避免孩子往错误的方向发展。如果是这样，学到再多方法，都不能帮助孩子成长。因为，一个人要发生真正的改变，是要从心里愿意去改变。父母要做的是让孩子甘心愿意接受和改变，而不是操控孩子。所有的操控最后都会破产。

父母抓错方向，抓错方法，就会发现自己怎么努力都没用，从而产生无力感。其实，问题都在这个“抓”字上。抓的意思，是想把孩子牢牢掌握在手里，用尽一切的方法帮助他成功。“抓”，意味着父母把孩子看成自己的私有财产，把自己看成一个拥有者。

我们刚开始做父母时，很容易进入“抓”的误区，包括我自己。我们为什么要死死抓住孩子呢？因为我们把自己当成了孩子的拥有者。

每一个拥有者都会有三大压力。第一个压力是害怕失去孩子。孩子小的时候，但凡生一点病，我们都会特别恐惧，害怕失去孩子；第二个压力是害怕孩子失败，担心孩子失败了会给自己丢脸。很多人说“作为父母，我不跟你比钱，不跟你比地位，但是要比后代，比谁的孩子更有出息”，实际上这也是“抓”。这种心态说明我们依然活在恐惧里，把孩子当做自己的面子；第三个压力是把养孩子当做是投资，经常计算“我为孩子付出了多少力气、心血、金钱”，然后会失望于“现在怎么得不到回报”。

恐惧是间黑暗的房子，会让房子里面的所有人消极被动无力。

无力感的第一个根本原因“抓错了”，就是因为我们当自己是孩子的“拥有者”，因此，内心被恐惧主宰，恐惧会带来深深的无力感，还会导致我们有时候做事情勉强应付。我们该如何脱离拥有者心态，放弃非“抓”不可，从而摆脱恐惧呢？

这需要一个成长的过程。首先，要开始学习改变拥有者这个心态，学习不把孩子看成是我要抓住的，而是把孩子看成一份宝贵的礼物。孩子是父母生命中的礼物，有他自己的特质、美好和人生，我们要做的就是接受。

这种全新的心态叫做“管家的心态”，父母就像是管理孩子的管家，即使有些情况我们无法理解。比如，我们可能有个

ADHD（注意力缺陷多动障碍，即“多动症”）的孩子，或者天生身体残障的孩子，这样的情况，对于有拥有者心态的父母来说，是无法接受的，但如果父母认为自己是管家，那无论怎样，都依然会接受，甚至是欣赏这份礼物。

前几年，我在美国洛杉矶做营会活动，有一个家庭生了五个孩子后，又领养了一个中国男孩。这个中国男孩脊柱弯曲加身体残障，不能正常行走，只能在地上挪动。这个男孩被领养后，做了好多次手术，逐渐能够生活基本自理，也可以去读书。这个孩子非常聪明可爱，和他在一起时，可以看到他脸上充满着光。他从来没把自己当成残障，他们的家庭也从来没把他当成残障。他们只是说：“每一个人都是独特的，每一个人都是一份礼物。”这个家庭确确实实让我看到，这个孩子就是一份礼物，他们跟我说，领养这个孩子后，他们对什么是接纳有了更深的感受。

其实，仔细想想，我们每个人也有各种各样的问题，有的表现为外在，有的隐藏在内心深处。尽管如此，我们依然被深深地爱和接纳着。把孩子看作礼物，以管家的心态接受、接纳、欣赏，然后尽心尽力地去爱和教导。并且要知道，无论最后这个孩子成长为什么样，我们的价值都不由他来界定，我们的成功在于我们是否尽心尽力地爱他、照顾他、教导他。当然，这个心态的形成需要一个过程，我们的生命需要慢慢成长。

寻求倚靠，发现那份无处不在的爱

讲到“接纳”的主题时，我会告诉大家：当孩子悖逆，和我们对着干、冒犯我们的时候，我们其实没有能力接纳他。如果一开始就明白这一点，你会感到轻松和释放，不用再去苦苦挣扎，也可能会开始寻求帮助。

讲完这点后，有一位父亲回应说：多年以来，他一直良心不安，经常质疑自己：你不是一个好人，为什么别人都能接纳孩子，就你做不到？你就是做得不好！虽然他一直苦苦地去尝试接纳自己，但诚实地说，一直做不到。如今他才得到释放：原来靠自己，这原本就做不到。

这就是很多父母出现无力感的第二个根本原因：没有找到倚靠，以为靠自己就能搞定。

每个迷失的孩子都相信两个谎言：自主和自足。其实不光是孩子，我们成年人也相信这两个谎言。

我看过太多父母一直都在靠自己，直到有一天，突然发现其实自己无能为力。我们需要找到真正可以倚靠的。从前，我们总是认为“我要靠自己的智慧和力量，要不断地去学习”。学习当然很好，但在学习和实践之前，需要先意识到自己其实没有智慧和能力去接纳孩子、爱孩子，这将是寻求倚靠和帮助的开始。

如何获得这样的力量？其实，这样的力量就在你身边，虽然你很多时候并未意识到。我们需要有个机会被人提醒，需要有人告诉我们如何发现爱的好消息。

分享几个小故事，来说明你身边无处不在的那份爱是怎样被“无视”的。

从前，有一老一小两条鱼在溪水中欢快游动着。有一天，另一条年长的鱼游过来跟老鱼打招呼：“嘿，哥们儿，你好。今天的水怎么样啊？”老鱼说：“今天的水不错。”小鱼很迷惑，问老鱼：“水？水是什么？”你看，小鱼每天在溪水里面游，却问水是什么。它不知道水。我们就像这条小鱼，常常感觉不到在我们身边支持着我们的爱。

第二个故事由心灵作家卢云所写：有对双胞胎在妈妈肚子里渐渐长大。突然有一天，他们俩开始对话了。其中一个碰了碰另一个，说：“我总觉得有一位妈妈在养育我们，支持我们，爱我们。”另一个说：“瞎说什么，哪里有什么妈妈？她在哪个地方？”这个故事也提醒我们，在生命里默默支持着你的那份爱也许就在身边，等待着你去发现、去认识、去倚靠。

还有个故事是说，有位功夫大师，他的看家本领是旋风腿。站在地上可以腾空而起，表演空中转身，还会腾挪。每次当别人夸他腾挪得多么优美，踢腿踢得多么有力量时，他都说：“你们不知道啊，要是没有这块大地，我就没有发力的地方。”但大地从来没为自己说过什么，它只是默默无言地支持着这位大师。中国传统文化里面常常有：“天何言哉，天何言哉！”正是此意。

活在这样的养育和支持里、被默默爱着的我们，需要去学习发现和倚靠这份爱。当有倚靠时，我们就可以获得智慧和力量，脱离“拥有者”的身份。

每一个人，包括我自己，在做父母的过程中，都会有充满无力感的时候。这个时候，我们需要提醒自己这两个根本性的问题：第一，我们是把自己视为孩子的管家，还是他的拥有者？第二，我们是在靠自己吗？还是说有可以倚靠的力量？

如果我们内心常常被这两个问题提醒，问题就可以得到解决，我们就可以得到支持，无力感会越来越少，早晨起来时心中有力量，晚上躺下时心里有平安。

第 4 章

为什么在成长期，孩子的“自主”和“自足”很可怕？

你在生活里遇到过这样的情况吗？今天降温，你对孩子说：“加一件衣服吧。”孩子拒绝，你一再坚持，他根本不听。如果看得更深一点，这个孩子并不是坚持己见，而是在跟家长争夺自主权。他要自己做主。

这一章，我们探讨的主题是“为什么在成长期，孩子的‘自主’和‘自足’很可怕？”可能有家长会很惊讶：这个观点好像跟大家平时的想法不一样，我们都说要培养孩子独立自主的能力，这不是跟大家的常识冲突了吗？如果你也有同样的困惑，正好在此和我一起来思考。最初我自己也没有意识到，对于成长期的孩子来说，自主和自足非常危险。

保罗·区普写了一本书《父母之道》，其中第七章的题目是《失丧的孩子》，失丧的孩子就是指迷失的孩子。迷失的孩子相信两个危险且有迷惑性的谎言，和孩子的某个行为让父母感到沮丧和失望相比，这两个谎言的危害性更需要引起父母重视。它们会毁掉孩子自己以及别人的生活。如果留心观察，你就会看到这两个谎言是如何操纵孩子的。

保罗在书中说："迷失的孩子相信的第一个谎言就是'自主'，即我是一个完全独立的人，因此，我有权利选择我自己的生活方式。"它强调"我的人生属于我，我有权做任何让我感到快乐的事情"。

这个谎言的另外一面是：任何人都不应当在关于我的事情上指指点点。如果以自我为中心就能找到快乐和幸福的话，我们当然不必在乎其他人，也不必去管生存在世界上需要遵循哪些原则。我们自己做主，自己开心就好。

然而，但凡稍微有一点人生经验的人都很清楚，这是不可能的。我们根据经验和观察会发现：活在自我的世界为所欲为，并不能得到满足和快乐。很多父母常说要培养孩子独立自主。但是，过早的开始自主，没有学习建立生活规范，没有学习严肃的自我反省，这会给自己和别人带来很大危险。

一个真正独立自主、成熟的孩子，在面临决断的时候有三个特征。第一，他知道生活是有原则有规范的。作为人类，我们有公平、正义、诚实这样一些规范性的原则，每个违反这些原则的人最后都要受苦。第二，他会省察自己的动机。做事情时，他会省察这个事是否是正确的，自己的动机是否纯正，是否能给别人带来益处。第三，他善于吸取别人的教训，听取建议。真正独立自主的孩子做事会综合考虑原则、动机和别人的建议这三个要点，最后做出自己的判断。

在成长期，如果让孩子“自主”的话，危险在于：孩子还没有学习和内化一套生活的原则，即生活规范，还没有学会如何避免以自我为中心。孩子要走的人生道路，就像一个围绕中心点打转的螺旋圈，当孩子以自我为中心时，他的人生之路是走向自己，会如同走向死胡同般越走越窄。要想让孩子的人生之路越走越开阔，就要在孩子的成长过程中，让他学到如何对付“以自我为中心”，学会在原则下做事，学会考虑如何对别人有益处。在孩子成长期，还没有建立自己的生活规范和原则，没有学会如何避免以自我为中心，不善于听取别人的建议时，他就开始自己做主，这非常危险。

第一，这样的孩子拒绝人类社会生活的规范性，比如诚实、公平、正直等，他的人生原则是只要自己开心就好，这会给他带来很大的麻烦。

第二，这样的孩子不会自省。他生活在一个充满各种各样观点和声音的世界里，如果不会自省，缺少严肃省察和认真思考的习惯和能力，就容易被听到的谎言引诱，容易跟错人，迷失自己。比如，他可能随伙作假，做不对的事情。

第三，他不愿意听从别人的建议，所有的事情都要自己吃过亏才能够明白。虽然我们很多时候会亲身体验要付出的代价，但他人的经验和智慧常能帮助我们避免栽大跟头。有时吃亏付出的代价太大，比如有人年轻时因为我行我素把身体搞垮，也有人深深伤害了别人以至于没有机会回头。

四种教养方式把孩子推向“自主”

那么，一个“自主”的孩子是如何产生的呢？孩子为什么不愿意接受生活的规范，拒绝原则，没有养成深刻的省察习惯，没有学会如何辨别谎言、评估别人的动机？以下这几种教养方式都可能会把成长期的孩子推向“自主”：第一种教养方式是：忽略孩子。很多父母和孩子没有亲密关系。孩子被忽略时，就只好靠自己去探索和寻找所有的东西。全部靠自己摸索，难免会碰到周围的各种坑，很难规避一些试探，容易掉进陷阱。所以，父母千万不要忽略自己的孩子。

第二种教养方式是：常常跟孩子协商，商量之后父母却不拿主意。在孩子成长期，父母如果不明确地告诉孩子哪个是对，哪个是错，什么事情都让孩子自己看着办，看起来似乎很民主，实际上，在孩子的生活规范没有被建立起来之前，这是在让他以自我为中心，形成他自己的人生哲学。

我建议家长不要在孩子成长期和孩子交朋友，这一点对很多人来说难以接受。提出这个观点，是因为我深深知道在孩子成长期，如果父母不做权威，而是让孩子做主，那么这所谓的民主，将给孩子带来很大的危险，导致他无法建立起生活原则。

第三种教养方式是：父母本身没有明确的是非观，分不清对错，以至于在跟孩子讨论新闻和生活话题时，自己混乱，也让孩子感到混乱，让孩子不得不过早地自己拿主意。

第四种教养方式是：强压式地让孩子去做我们让他做的事，以至于他心里产生逆反。强权式的父母会培养出叛逆的孩子，拒绝任何原则，你说什么他都不会相信，这样的孩子也容易“自主”。

我们要帮助孩子在成长时期建立三个重要的思维习惯，当这三个思维习惯在他心里慢慢成熟，孩子就会逐渐成为一个真正独立的人。

这三个思维习惯即：真理性的原则、动机的省察、智慧的引导。

1. 做分析和判断时，自问：它符合我心中的价值观吗？它符合我的人生规范和原则吗？

2. 做事情时，自省：我的动机是否自私，是否正确？

3. 我有没有思考和听取有智慧之人的建议？

孩子像一条要流向远方的河流，需要选择未来的路径，知道应该向哪个方向流去。孩子正需要这三个思维习惯来引领人生的方向。

要想训练出有这样思维习惯的孩子，我们就要在孩子的成长期里训练他。关于如何训练，有三件事情很重要：

第一件事：任何时候关系优先，父母要和孩子建立起亲密的关系。我们要无条件接纳孩子，让孩子知道我们爱他本身，接纳他原本的样子，无关他的表现如何。

第二件事：抓紧机会去教导价值观，分享我们关于对和错的看法。父母一定要抓紧机会在孩子小的时候教导他价值观，内化进他心里。

第三件事：在自主权利上，对孩子一点点逐步放开。我们透过逻辑后果，让孩子体验不同的选择，对应不同的后果。父母不要对孩子保护过度，而是让他适度尝试，体会什么是“种瓜得瓜，种豆得豆”，慢慢成熟。

这样，孩子最后能够学会有原则、有省察，愿意听取别人建议的同时，又能比较成熟地独立思考，这样成熟的孩子，我们就可以放心地把他交给社会。

孩子“自给自足”有哪些危险

说完“自主”，现在我们来看看“自足”。保罗·区普在《父母之道》当中写道：“第二个谎言一样危险，这个谎言叫‘自足’。它告诉孩子，他自己拥有一切所需，他不需要你的帮助，不需要你的智慧，甚至拒绝你的怜悯。”

当一个人以自我为中心，以至于他可以不需要他人的爱和关怀时，事实上非常可怕。

可怕之处在于两点：

第一，他认为自己就能搞定一切，他选择一个人孤单地生活。我们每一个人生来就在爱的关系里面。当一个孩子进入到孤单状态时，对他的健康成长是非常大的障碍。通常来说，缺少人际关系联结、孤单生活的孩子非常痛苦，这种孩子自杀的风险也非常高。

第二，“自足”的人内心通常会变得越来越刚硬。这种孩子如果取得成功，会变得冷酷无情，对受到的伤害怀恨在心；如果不成功，则会把自己更深地封闭起来，甚至对社会、对他人充满了阴暗的思想。想想看，一个人要骄傲到何种程度，才会拒绝别人的帮助和怜悯？如此，我们又怎能期待他对别人有怜悯之心呢？

“自足”的孩子是如何被父母训练出来的呢？首先，父母自己都认为“这个世界谁都靠不住，就只能靠我们自己”，实际上就在给孩子传递这样的态度。其次，父母强调孩子“要自我奋斗，所有人都是你的对手，人生最重要的就是把别人全部踩到脚下”。有的时候即使父母口里不会这么直接说，但心里面已经在反反复复地如此叮嘱自己，这其实就是在把孩子训练成一个刚硬、冷酷无情的人。他像森林里的野兽，要把所有对手都干掉，这就是他自以为的成功。过度强调自我意志和自我奋斗，这些最后都会塑造出一颗孤独、刚硬、冷酷的心。我们家长要特别省察自己是否如此，是否也正在这样引导着孩子。

如何避免把孩子推进“自足”之坑

第一，要承认自己有缺乏，承认我们的智慧不够，常常会软弱，承认很多时候我们靠自己站立不住。每个人内心都有骄傲，承认自己有缺乏，实际上是在跟自己里面的骄傲对抗。承认自己缺乏、需要帮助，这是第一步。

第二，在生活中主动寻求帮助。有挑战有压力时不要死扛，打开自己去寻求帮助。因为我们是在关系里面，要告诉别人你的需要、你的缺乏、你的软弱。当我们这样做的时候，孩子也会学着去做。

什么时候你该感到高兴？那就是孩子来跟你说：“爸爸妈妈，你可以帮我一下吗，我需要你的帮助。”你不要直接拒绝说：“这么简单，你为什么不自己搞定？”这其实是一个好时机，可以让你在关系中鼓励他、帮助他、训练他做自己能做的事情，同时又要珍惜他来向你寻求帮助的心。

父母如何对待孩子犯错也很重要。孩子犯错后，你有机会可以怜悯饶恕他。一个接受过饶恕和怜悯的人，也可以去饶恕冒犯过他的人。一个寻求并得到过帮助的孩子也会乐意去帮助有需要的人。这样的孩子心是柔软而灵活的，他在人际关系中既可以大方寻求帮助，又可以慷慨地帮助别人，这就是人生，这就是友谊，这就是关系。

我们需要通过不断的管教训练，帮助孩子慢慢成熟起来，学会如何过一个负责任、被原则引导、善于自我省察，同时也乐于听取别人建议的生活。

有些家长可能会疑惑，那么，在成长时期表现得特别“自主”的孩子，该如何改变？特别自我的孩子已经迷失了，他心中已经被谎言占据。我们要开始学会用真理去替代他心中的谎言。要注意的是，如果真理是拿着刀剑出现的，它就不是真理。真理一定是和恩典一体的，二者不能分开。

如何以真理替代谎言？我鼓励你，为自己以前做得不好的地方，比如忽略孩子、强压对待孩子等，向他道歉认错。然后，去爱他，少说教，透过恩典、爱、怜悯与孩子建立关系。当孩子生活在爱的关系里，愿意跟你对话，你就可以一点点去分享生活的原则，他也会接受来自生活本身的教导，在碰撞和痛苦中开始成长。

第 5 章

雕刻家的小刀：不要浪费孩子带给你的痛苦

养育孩子，对于很多家庭来说都有要面对的艰难。即使一个看似完美的孩子，也会出现让家长崩溃的时候。这种状况无法预知也无法理解，更别提有些孩子会持续性地给父母带来挑战和痛苦了。

生活就是这样，常会有各种各样的痛苦。我们该如何面对？如果我们把痛苦处理好，它们就会变成机会。痛苦的经历会帮助你变得更深刻、更有智慧，性情更加柔和谦卑，并且会在生命中逐步发展出怜悯心和同情心。如果处理不好，就会感到孤单，持续体验这些痛苦还可能会让人变得越来越封闭，甚至刻薄。

当痛苦出现时，我们很可能会自责、恐惧，不知道接下来会如何发展。有时候，我们甚至会感到羞耻、无助。不要对这些痛苦轻描淡写，因为它们非常真实，常常让你感觉难以战胜，难以忍受。

如果我们生命中有段时期很痛苦，不要浪费这个成长的机会。要学习不浪费痛苦，我们先来看看当你生命中出现了哪些情形，说明你浪费了痛苦。

浪费痛苦的 7 种情形

情形一：孩子带来的痛苦令你怨天尤人

我把孩子比作“雕刻家的小刀”，雕刻家在借着孩子雕琢家长，让家长的生命因此而改变。有个很伟大的将军，从小就喜欢和父母一起玩牌。他抓到一把好牌的时候就会得意洋洋，在抓到不好的牌时，就会乱打一气。有一次，当他又抓到一把不好的牌时，妈妈对他说：“你要知道发牌的权力不在你手上。所以，无论我们手里拿到怎样一副牌，我们要做的就是尽心尽力打好手上的牌。”

当因为孩子而痛苦时，如果我们仅仅埋怨老天不公平：为什么要让我们遇到这样的孩子？那就真的浪费了这个痛苦。但如果因着这痛苦，我们开始学会：去接受无法把握的事情，尽自己的本分和责任来面对和处理它，我们会因此开始变得坚强、勇敢。假如因为你的付出，那些养育起来特别费劲的孩子，甚至做到了别人很难做到的事情，也许你会拥有更精彩的人生。因此，对于孩子带来的痛苦，我鼓励家长们不要怨天尤人，而是接受这样的处境，并全力以赴做到最好。

情形二：养育孩子的痛苦让你封闭、自怨自艾，咬紧牙关地忍耐

每位父母，一定有某个时期会非常痛苦。我曾见到过，很多家庭里那些看起来挺不错的孩子，突然有一个时刻变得让人觉得不可思议。父母遇到这样挑战和难处时，彼此互相敞开，反而会让夫妻关系变得更加亲密和深刻。有些夫妻则因为不愿意一起面对，就互相指责、推卸责任，这样会让情况变得更糟。所以，别封闭自己，也不需要觉得不好意思，这不一定是你的错。我们要学习去敞开、坦承自己的软弱，需要表达自己的痛苦和压力，去寻求帮助。

情形三：养育带来的痛苦让你一蹶不振，消极被动承受

几年前，我去美国的一个小城市，和当地一些家庭做亲子夏令营，因此得以有机会和这些父母坐在一起，分享彼此的经历。其中有位妈妈，看起来普通而安静，当她分享过去的一段痛苦经历时，我们都很动容。

这位妈妈怀第三个孩子期间，丈夫罹患癌症，很快去世了。第三个孩子出生时，她非常痛苦，一边面对着吵闹的孩子，一边承受着挚爱丈夫离世的伤痛。她从早到晚躺着，动弹不得，无法下床。有很多人来帮助她，但她就是爬不起来。

在这样的极度痛苦中，她开始祈祷。有一天，一个声音进入她心里："你不用担心太多，你只需要去做第一步，你做了第一步，就会给你力气做第二步。"然后，她就从床上爬起来。当她起来，就有了力气穿衣服。当她有力气穿衣服，就有了力气做早餐。当她有力气做早餐，她发现自己慢慢开始可以应付一天的生活。

有时痛苦仿佛令人动弹不得，但我们需要从消极里往外迈出第一步。

情形四：孩子的问题，没有让我们学到教训和功课

孩子的问题不一定都是父母造成的，但孩子的每个问题都是父母反省、成长的机会。

我的孩子进入青春期后挑战非常大，有时简直不可理喻。这种时候，我发现自己心里依旧潜藏着"希望孩子表现得非常好，以使自己有面子有荣耀"的想法。也因为自己从事家庭教育相关工作，觉得孩子如果表现优秀，可以得到别人的赞赏——"罗老师真厉害！"

正是因为这样的挑战，让我心里的东西暴露出来，有机会看到自己的骄傲，以及希望孩子为我争光的渴望。这样的痛苦令我开始反省：我需要做的就是去爱孩子。痛苦的摇荡总能让我们学到一些东西，发现隐藏在心底深处的真相。

情形五：在养育孩子的痛苦中，你没有学会更谦卑

我们需要承认自己没有能力，也没有办法掌控生活。常有人觉得：如果我尽上百分之百的努力，学到很好的教育观念和方法，就可以掌控我的生活。但实际上，我们生活的世界是一个破碎的世界，就算你尽上百分之百的努力，掌握了最好的教育观念，依然会遇到你无法掌控的事情。我可以掌控我的生活，不需要帮助——这是种骄傲。

当孩子带来痛苦时，我们可以学到：我们没有能力掌控生活，我们需要帮助。我们因此可以更加谦卑，这样，痛苦这个机会就没有被浪费掉。

美籍华人、亲子教育专家马睿欣在她的《管教的智慧》一书中提到："养孩子能够让父母谦卑，如果你养到一个特别难搞的孩子，你就有机会重整生命。"我确实看到一些父母因为养育难搞的孩子，整个人变得柔和谦卑。

情形六：你因为养育孩子的痛苦而变得愤怒和刻薄

有一些受苦的父母，好像被孩子施虐了一样，受虐后，对孩子、对别人变得刻薄和残忍。但痛苦其实可以让一个人生发出怜悯心和同情心。

根基有一个家庭支持中心，专门帮助 ADHD（多动症）孩子的家庭。我们发现，很多愿意给予支持和服务的人，通常他自己

就是 ADHD 孩子的家长。他们没有被挑战和痛苦击倒，反而变得更加有同情心，愿意帮助这些孩子的父母。

如果一个人只停留在自己的痛苦中，会变得刻薄和易怒，这就浪费了他的痛苦。但如果他因为痛苦的遭遇，得以从自我世界走出来，扩展眼界，意识到还有那么多人需要帮助，这就很美好。

情形七：没有对养育孩子带来的痛苦做更深入的思考

痛苦应当带给我们更深的思考。比如思考人生，思考生活，思考它们的意义所在。有一个短片叫《邻舍的窗》，讲的是一个妈妈带着三个孩子，每天照顾孩子有非常多琐碎的事情，又觉得丈夫不关心自己，她感到生活艰难而痛苦。

接下来，她发现对面那幢楼搬来了一对年轻夫妇，那对夫妇没有孩子，两个人看起来激情澎湃地享受着生活，常常举办各种派对，彼此之间很亲密。对比之下，这个妈妈更是觉得压力很大。

有一天，这位妈妈看到对面那幢楼的年轻男士病了，躺在床上，不久这位男士就去世了。她出门碰到了那位妻子，妻子说："我看到你们一家人，有三个热闹的孩子，你们半夜起来喂孩子，这样的生活是我们无法得到的。"

原来，那对年轻夫妇组织各种派对，都是为了让丈夫在离世之前尽可能地感受到温情和欢乐。他们两家人都在彼此观察，羡慕着对方的生活，却并不了解对方的烦恼。

我们遇到痛苦时，总觉得别人过得比我们好，却并不知道他人生活中有我们不了解的艰难。我们在痛苦中应当思考：如果每个人都要离开世界，如果死亡是不可抗拒的，那么，如何生活才是有智慧的？

不管你在这个世界上活多长时间，拥有这两样东西就绝对不会遗憾：一是在这个最终会走向终点的人生中，找到超越死亡的盼望；二是如果每一天都活在爱里，一家人彼此相爱，如此，即便人生中绝大部分日子都充斥着劳累痛苦，但回首时，会发现你们是相爱着的，就绝对不会遗憾和后悔。

当养育孩子的痛苦能够给我们带来更深的思考，这份痛苦才不会被浪费。有一次，我们轮流分享孩子给我们带来的痛苦。一位老师分享时，大家看得出他很难受，却并不忧伤，他是带着盼望和恩慈来分享自己的故事。他的孩子 8 岁时夭折了。他说：“你们有一个孩子，可以去照顾他、爱他，这对于我而言，已经是人生很幸福的事情了。”他带着恩慈劝我们：用更多的时间活在爱里面，活在盼望里面，那么无论处在怎样的景况，我们这一生都不会是白过的。

当你痛苦时，不要忘记，每个人在某一个阶段，可能都有他的难言之隐。如果你此刻就在痛苦当中，希望你能找到盼望，也能够活在爱中。若干年后再回首会发现，这样的日子并不是白白度过，也不是白白受苦。

第 6 章

如果不教导孩子顺服，就是在预备孩子受苦

教导孩子顺服，这是一个有争议性的话题。

为什么说这是个有争议性的话题呢？根基选择了 52 个品格，围绕这些品格写了 52 个品格故事。然后，我们给 12 个月的每个月规划了一个核心品格主题，第一个月的主题是更新，第二个月的主题就是顺服，因为一个真正更新的人会开始学习谦卑，学习顺服。

很有意思的是，我们推动品格教育工作时，有个学校跟根基合作，使用我们的品格故事材料。有次我到他们学校，发现原本 12 个核心品格以及关联的 52 个品格都在，但他们把次序调换了，他们把顺服从核心品格中拿掉，换成了“专注”。

专注当然也很重要，然而，顺服是基础性的品格，是一切教导的基础，如果孩子对父母、老师没有顺服的心，一切教导都不会有效果。我问他们为什么要拿掉？他们回答：“主要是因为担

心孩子很听话很顺服，会不会缺少创新，另外很多家长反映，如果要求孩子听话，害怕太过于听话的孩子在社会上吃亏。”事实上，家长们常常想要孩子“听话又不听话”，要听父母的话，但听别人的话时要小心。关于顺服的这些纠结和思考都很有意思，对此，本章要探讨三个问题：第一，什么是真正的听话和顺服？如何既能正确地教导孩子顺服，又能帮助孩子分辨真正的权威？第二，关于听话和顺服，我们要训练孩子做到的标准是什么，怎样才叫做顺服？第三，如何帮助孩子学习顺服？当孩子能在生活中分辨出什么是真正的权威，又能够有顺服的态度，他会活出什么样的人生？

顺服不会妨碍创新

第一点：什么是真正的顺服？正确地教导顺服很重要。有的家长说：“如果教孩子听话，怎么培养他创新呢？”这是两个范畴的问题，需要区别来看。当训练孩子听话时，我们是训练他从伦理上服从。孩子需要知道这个世界是在秩序当中的，孩子需要学习在家听父母的话，在学校听老师的话。我们每个家庭、社会乃至世界都在秩序当中，所以从伦理上，要尊重生活中给我们下指令的人，要顺服父母和老师。

创新是什么呢？创新是指思想、技术和知识上的创造。探讨这些领域的内容时，我们可以提出新的观点。所以，孩子要学习的，是在伦理上对生命中的权威有尊重和顺服的态度。

我有位朋友是美术教师，她曾经同时在两所学校教美术课。其中一所学校很强调学生在课堂上需要遵守纪律、保持秩序；而另所学校对孩子在课堂上的纪律不做要求，说是要保护孩子的天性。后来这位美术老师发现：纪律良好的学生，画出的作品反而更有创造力。和大家担心的结果刚好相反，顺服并不会妨碍创新。

在教导孩子顺服的同时，还有责任教会孩子如何分辨真正的权威。首先要帮助孩子知道生命中真正的秩序。在家庭里，父母是权威；在学校，老师是权威；在道路上，交通指示灯和交警是权威。事实上，当我们每个人在秩序、规则里面时，反而是被保护的。所以在生活中，要分辨谁是你真正的权威。

第二点：要让孩子尊重“位置”。比如，父母、老师、交警所在的位置，都属于权威性的位置。这些人的权威来自世界秩序中的天道。

在相应位置上的人，也应该尊重他们位置上的秩序，比如父母、老师，他们本身也要遵守所处位置的纪律，顺服天道。

同时，我们要帮助孩子知道，如果权威发出的指令丧尽天良，就不能遵从。奥斯卡获奖电影《辛德勒的名单》让我们看到人性的光辉。辛德勒起初只是一个想着赚钱的商人，但是当他看到纳粹对犹太人残忍杀害的时候，他的良心告诉他这是不对的。从一个与纳粹合作的商人转变为一个犹太人的拯救者，他变成了一个抵抗纳粹命令的人。康德说“世上最使我们震撼的是头顶的星空和我们心中的道德律”，他是指人类需要对天理和良心保持敬畏。

再举个例子，二战之后纳粹军官们接受审判。很多纳粹军官狡辩：“我是士兵，执行命令乃是天职。”法官说：“你要知道，当这些命令已经违反天良，发布这个命令的人就已经不是这个位置上的权威了，他已经背叛了这个位置，他本身应该受到惩处。”

因此，父母在训练孩子时，要帮助孩子学习分辨，我们每个人生命中都会面对各样位置、职位的人，如果担当这个职位的人发出的命令违反了这个职位的规则，他就已经丧失了待在这个位置上的权力。

我们用三个准则来分辨：天理、天良、天道。事情是否公平？权威是否诚实？我们内在的良心是否平安？

比如说有的老师为了拉高学生的整体成绩，让学生作假，这个时候就不能顺服了，因为这位老师已经违反了“诚实”。我们要帮助孩子知道，如果一个权威已经违法，不但不能听，还要起来揭发恶行。比如，有的学生看到老师用暴力对待其他同学，那么这个老师已经丧失权威的身份了。

所以，作为父母，我们不必担心老实人吃亏，当孩子学会分辨和顺服权威，听从最高的道德标准，这对他来说是种保护。

真正顺服的三个标准

那么，什么是真正顺服的标准？

当一个权威发出指令，假设这个指令是合理合法公平的，甚至是事先约定好的，无论是在家庭还是在学校，是否真正顺服指令的标准有三个：

1. 立即做。不要拖拖拉拉。

2. 做全部。按照指令不折不扣地去做。

3. 带着正确的态度去做。这是最难的。

比如权威发出一个指令："明明，你去清理一下碗和水池，把垃圾清理好，扔进垃圾桶。"孩子听到这个指令需要立即去做，而不是："等会儿，我还要看会儿书，打会儿游戏。"

第二个"做全部"，就是不能打折扣，挑选着做。他不能把碗洗了，最后水池没有清，垃圾没有扔。

第三个要完成全部。带着正确的态度去做，不该是勉强、心不甘情不愿的，"听到了听到了，烦死了！"虽然行为上完成了，但这不是正确的心态。

当孩子被训练出既能够分辨，同时又能够按照顺服的标准（立即做，全部做，并且带着正确的态度）去做事时，他就要蒙福了。他以后无论在任何一个地方，无论做什么，一定会被看重，被提拔，被祝福。

如何训练出顺服的孩子?

如何训练孩子“既带着正确的态度甘心乐意去做，还能全部做呢”?

第一，关系优先。要让孩子总是感到你的爱。亲子关系越亲密，孩子越顺服；关系不亲密，孩子就不情不愿；关系不好，家长需要又吼又叫，这样就不是顺服，而是强迫了。第二，帮助孩子知道什么是天道。孩子需要学习“在权威的位置上”是指什么，同时要分辨在权威的位置上发出的指令是否违反天道、是否公正诚实。第三，父母自己要努力成为好榜样。对于教导孩子的内容，先努力以身作则。自己做不到的时候，我们要诚实跟孩子道歉，告诉孩子我们并不完美，这个非常重要。最后，要不断、反复、有耐心地训练。

我曾看过一本子女教育的书，里面讲到一个父亲经常有意识地训练他的女儿“立即做，全部做，带着正确态度做”。女儿有时候在外面玩耍，他告诉女儿：“无论你在外面怎么跑，当我说 Stop（停），你不要问原因，所要做的就是立即停住。”于是，他的女儿到外面玩的时候，他会时不时训练一下，大喊一声“Stop（停）!”，女儿就会立即停住。

有一次，他女儿在街上一个拐角跑的时候，有辆车开了过来，他女儿没看到，他看到了，大喊一声“Stop（停）!”他女儿想都没有想，立即停住。那辆车擦身而过！有意识地训练孩子真正顺服的态度，对孩子是真正的保护。

在孩子很小的时候，如果他对权威发出的正确指令带着违抗，这需要特别小心。训练孩子顺服，越早越好。孩子越早学会听父母的话越有利。父母先做好榜样，然后训练和管教，孩子如果不愿意尊重顺服父母正确的指令，我们需要让他承担不遵从指令的痛苦后果，这种痛苦对他有益。我们要温和又坚定地让孩子承受痛苦，让他知道：顺服就蒙祝福，不听话就有痛苦。

顺服带来四个祝福

在顺服方面受过良好训练的孩子通常会得到以下这些祝福：

1. 在不同场合，他都能马上知道这个场合谁是权威，谁可以下达指令，他会对规则表示尊重。我刚开始做品格教育时就发现，孩子们只要一教，一般都比父母做得还要好。有次我带孩子去植物园附近爬山，爬得正高兴，沿路风景也很美，突然出现一个牌子写着“游人止步”。我想都没想，觉得这前面有路，往前走没有问题。结果儿子站在那里不动了，我问他为什么不走，儿子说：“这不是写着游人止步吗？”孩子接受过良好训练，就会知道在什么情况下要遵守规则。遵守规则是对孩子的保护。

2. 如果正确教导过孩子顺服，他就不容易被人欺骗、利用和操纵。他渴望去了解、敬畏天道，寻求智慧。有了智慧，就能分辨哪些指令是错误、邪恶的，哪些指令是虚假的谎言。

3. 听话的孩子温柔又刚强有力。因为当他知道所听到的指令是对的，就会无所惧怕地去做。温柔不是软弱，温柔是有理性，他知道这个事情正确与否。当听到一个对的指令，所有人都不去做，但他还能选择听从，这个叫刚强有力。一个真正听话的孩子能够活出刚强有力的人生。他不会柔弱，柔弱是没有立场，知道是对的事情也不敢去做。

4. 被准确教导过顺服的孩子会成为带领者。一个人如果没有学会顺服，没有学会对权威的正确指令保持尊重，他一定不能成为带领者。因为当他坐到一个给予指令的位置时，别人没有办法从他身上看到榜样，他自己也没有办法在那个位置上坐稳。因为他自己都不听从指令，也势必会失去跟随他的人对他的尊重。

5. 一个得到良好训练去顺服的孩子会甘心服务，有自由。要让孩子学会真正顺服，最重要的是他们在生命中得到恩典，得到爱，以至于他们愿意在爱和恩典里面，心中越来越柔软，越来越渴望谦卑，借着顺服指令去服务别人。在一个有秩序的世界里，权威是秩序的制定者，也是自由的来源。当孩子甘心乐意地遵守权威的秩序时，越遵守就会越自由。

说到这里，我们可能会发现：问题常常不在于孩子，而在于为人父母的我们不愿意常常学习。父母也有该去执行的指令，我们对于履行父母职分的指令有没有立即做、做全部、甘心乐意地做？父母自己是否是一个顺服的人，对孩子来说很重要。

第 7 章

父母的使命是养育幸福的孩子

越来越多的父母开始明白，如果没有确立培养孩子的正确目标，那么无论学了多少技巧和方法，都可能在做无用功。

因此，做父母培训时，我常常问他们："你们培养孩子的目标是什么？"很多父母的回答并不是"让孩子上名校"之类（虽然它是不少父母的愿望），而是"孩子一生身心健康、幸福快乐"。

那么，怎样才能让孩子有幸福感？有些父母很苦恼："我可以为孩子付出全部，甚至连命都可以给他，可他还是感觉不幸福。"有些父母很困惑："我们全力给孩子创造最好的条件，希望给他最好的教育，但到了一定时候，孩子却反过来说我们不爱他。"还有些父母说他们的孩子青春期叛逆，即使好不容易进了好的学校，又退回家里打游戏混日子。

过去的 17 年，我们一直在思考和探索这个问题：教育孩子培养孩子的目标是什么？什么样的孩子有幸福感？

幸福的人有三个基本特质

我曾经主编的杂志《亲子·根基》中有个栏目叫《成功背后》。编辑每期会选一个为世界带来积极改变的知名人物。这些人的贡献，有的影响了身边社区，有的影响到整个国家或世界。刊登每个人物事迹时，我们都会思考，这个人物有什么样的特质。

还有段时间我们举办暑假夏令营，每年会邀请一些世界名校，比如牛津、剑桥等学校的大学生来做志愿者。我们发现这些学生非常有使命感，他们渴望把自己的智慧和经验分享给年轻的弟弟妹妹们。他们的品格诚实正直，眼里透着单纯良善，还特别有谦卑服务的态度。

久而久之，我发现有幸福感的人，无一例外都有三个基本特质。如果你留意观察身边的人，会发现那些快乐生活，同时给周边世界带来积极影响和价值的人，也有这三个特质。这三个特质会给孩子带来幸福感和影响力。影响力就是领导力，它是吸引别人来跟随的力量。

特质一：使命感（Mission）

使命感让人知道自己是谁，找到自己的身份：一个管家，也明白自己来到世界上的任务。他开始从关注自我，转向关注和思考如何给身边的人、社会、大自然带来美好。

使命感还会给我们带来意义感。一个人如果以自我为中心，就算能取得很高的成就，拥有很高的地位，还是会空虚。这种空虚感是人生很难承受的痛苦。有使命感的人则相信，当自己能为周围环境带来积极影响时，也就找到了生命的意义。如果孩子觉得生活没有意义，可能就会利用成瘾的方式挥霍时间和人生。所以，如果从小培养孩子的使命感，就是在救他脱离空虚。使命感带来活力。有使命感的人，早晨起来内心充满喜悦，因为今天又是生机勃勃的一天。无论在人生哪个阶段，有使命感的人都充满生机。

特质二：良好品格（Character）

良好品格能带来幸福感有两个原因。

第一个原因：当我们让孩子开始看到，成功是在品格上成长，而不是拥有。这意味着让孩子知道：重要的是你是什么样的人，而不是拥有怎样的成绩。每个人都可以努力成为一个诚实、勤奋、负责任的人，但如果每个人都去追求第一名，这是不可能做到的。当我们开始专注于自我品格的塑造，就可以不再被表现所左右。只要去追求，每个人都可以在态度、品格上成长，这可以带来很大的安全感。

第二个原因：当孩子在品格上不断成长，可以收获人际关系中的信任。我们常说“幸福不在于你拥有什么，而在于你是否在爱的关系里面”。如果不诚实、不正直，就没有办法建立可信任、有意义的真诚联结，以最快速度直接摧毁关系。有些时候我们迫于压力，无法做到时时刻刻完全诚实，但如果事后能够诚实地承认自己不诚实，这也是一种诚实。真诚的态度可以帮助我们建立真诚的关系，这是人生中非常幸福的事情。如果世界上无人信任，那该多孤单啊。

品格也能让孩子的人生过得非常扎实。如果孩子是真诚的人，诚实对待每件事情，他的人生就会像砌一面墙那样：每块砖头都没有偷工减料，是整整齐齐扎扎实实垒起来的。这面人生之墙会非常坚固。但如果孩子品格有问题，就好像这面墙里面掺杂着假材料，假以时日，无论墙修得多高，最终都会垮掉。

特质三：服务意识（Service）

为什么服务意识可以带来幸福感？因为，它可以让自己有价值感。

很多人容易眼高手低，渴望做人上人，希望利用别人。但实际上，你越想往上爬，越想利用别人，最后会让所有人都离开你；而如果你谦卑服务周围的人，建造别人，成全别人，这样的服务会让你有价值感，同时给你带来影响力。你会很有吸引力，赢得大家的认可。服务意识就是影响力，如果你没有服务意识，却又想要影响力，那就只能操纵别人。

使命感、良好品格、服务意识（简称 MCS），这三个特质可以让孩子的人生完全不一样。当看到一些孩子身上有这些特质，我会由衷感到高兴；当看到有些孩子活在自我里面，我心里不禁为他们感到着急和痛心。当我识别出周围一些人有 MCS 特质，我就知道，他们在所处领域一定有幸福感和影响力。

有 MCS 特质的孩子能给世界带来什么？

第一，有 MCS 特质的孩子是世界秩序的支柱。有 MCS 特质的孩子不管有什么才干，长大后都会成为支撑这个社会的一根柱子，让这个社会不至于变得完全彼此相残、混乱、破坏。他们能支撑社会在正确秩序中运转，让社会向着更公平、自由、平等的美好方向发展。也有的孩子会致力于帮助人类和大自然和谐相处，这是他们的使命。他们的品格诚实正直，所以站立得住。他们谦卑服务，不去强迫人，用爱和服务的态度影响周围人和他一起行动。若非谦卑服务，就可能是内心强横却打着使命的旗号来成就自己，我们需要留意分辨。

第二，他们是秩序的修复者。没有 MCS 特质的人往往是秩序的破坏者，带来各种麻烦和混乱。他们自己混乱，把家庭变得混乱，把所在的地方也变得混乱。有 MCS 特质的人往往会在使命中恢复秩序，因他们的品格成为榜样，以谦卑服务让混乱恢复秩序。

有些父母常会告诉孩子：“你只要把书读好，上名校，不要管其他事。有本事，就能开公司赚钱……”事实上，没有 MCS 特质的孩子动力会很有限，当他开始觉得没有什么意义，就有可能会放弃。他也有可能不是用一生所学去服务别人，而是变成“强盗”去掠夺。正如有句话说：一个没有受过训练的小偷只会偷一段铁轨，受过训练的小偷则会把整个铁路公司偷走。没有 MCS 的孩子不会成为社会的柱子。

有 MCS 特质的孩子会“一直赢”

有的家长说：“我的孩子有 MCS 特质，可是在这样一个功利的丛林社会，他能比得过别人吗?”就我自己的观察，有 MCS 特质的孩子会“一直赢”，不只现在赢，未来也会赢。

现在赢，是因为这样的孩子不是为着一个短期的排名名次而学习，他不看重名次，而是看重学习过程中的态度——我有没有尽心，有没有踏实认真，有没有严谨，把学习当做操练品格成长的过程。

他学习的动力是：我要装备好自己，要得到更好的训练，用我的才干改善社会，给别人带来益处。如果他要当医生，他就想尽力学好专业技术，为别人解决痛苦。现在赢，因为他现在的心是平安、笃定的，而不是紧张焦虑地追赶名次，看着对手咬牙切齿，他当下就有幸福感。

未来赢，是赢在他会有持续的动力。相对于没有 MCS 特质的人，有 MCS 特质的人比较少走弯路。因为他有明确的使命和目标，不会太拘泥于现在。他持守诚实正直，因此会避免很多人生陷阱。如同龟兔赛跑，为着自己成功的人像兔子一样，跑得很快，乌龟虽然开始慢，但有耐力。有 MCS 特质的孩子有耐力，未来也会赢。父母可以睁开眼睛，去发现和观察成人世界里有 MCS 特质的人，他们安安静静地在所处领域发挥着影响力。他们不喧闹，而是安静享福，也会给周围人带来祝福。没有 MCS 特质的人看起来过得热热闹闹，但心里没有平安，也会给别人带来麻烦，其实在热热闹闹地受苦。

我们作为家长不要只看眼前得失，而是要思考如何在生活中训练、帮助孩子成长为这样的画像：活出使命，为人正直，身怀绝技，谦卑正直。

家长具体该怎么做？

如果你发现周围有 MCS 特质的人，一定要把他邀请到家里，一起吃饭，听他分享自己的故事，比如怎么服务邻舍等。把他们介绍给你的孩子认识。

父母努力成为孩子身边最近的 MCS 榜样。我们为人父母，自己首先要开始寻求使命感，努力过真诚正直的生活，谦卑服务别人。同时，用心经营和孩子的关系，在关系中传递你的 MCS 教导和榜样。

带领孩子去做服务他人和社会的工作，让孩子参与有使命感的分享会议。我们有一些 MCS 讲师每年暑假会带着孩子自备粮草，为山村的孩子们组织一个三天的夏令营，服务他们，和他们一起感受欢乐品格时光。这会成为孩子们难忘的美好回忆。

让孩子看到有 MCS 是有尊荣的。我们自己要尊敬那些有 MCS 特质的人，也要在孩子表现出 MCS 特质时给予激励和荣誉。比如当孩子参与了社会服务，可以专门准备一个仪式，比如买个小蛋糕来赞赏他的服务，让他有自豪感。

第 8 章

品格教育的三个误区

我以前做过好几年的品格教育类杂志主编，也写过品格童话故事。我一直在思考：如何做好品格教育？

大家都知道品格教育非常重要，每个家长都希望自己的孩子能彬彬有礼、有是非观念、能够自我管理。我自己在工作中，特别欣喜地看到越来越多的家庭重视品格教育，越来越多的学校也开始推动品格教育。但是，如何能让一个孩子心甘乐意，并且持续地做对的事情，活出美善的品格，是需要我们多去思考的。

关于品格教育，我们会遇到很多困惑。有人说，教育如果不涉及品格，那就不叫教育。也有人说，专门做品格教育是多此一举，因为教育本身就是从品格教育开始，然后才会教导孩子知识。还有人说，品格教育虽然重要，但是看不到效果，孩子在某些时刻看起来表现得不错，但慢慢地，孩子又变成了另一副样子。这些问题，都值得我们深思。

我发现，我们在做品格教育时，很容易进入一些误区。在此，我再来谈一谈做品格教育的过程中，我们最容易进入的三个误区。

第一个误区：我们以为教导孩子一些道理，就能改变孩子

我们很容易认为，一个人的品格不好，社会上有很多不好的风气，一定是因为学校对品格教育不够重视。我们以为不断教导品格的知识，不断地讲一些道理，就能让孩子变好。然而，这是一个误区。实际上，我们不能够通过教导品格知识来改变孩子。

我和妻子写过一个系列的品格童话故事，叫“树墩子神奇世界”系列。这个系列，有很多个故事，每个故事都会涉及一个品格，比如，节制、顺服、更新、公正等。孩子们很喜欢这些故事。但是如果我们仅仅给孩子讲这些故事，孩子虽然学会了很多品格和道理，但他们的心并不会因此而改变。真正能够改变孩子的，是另一个生命。当孩子被一个美善的生命影响，他被对方展现出的美好和爱深深吸引，产生共鸣，他才会发自内心地愿意效法和追随。

因此，我想提醒大家：只有爱才能让人真正改变。我读大学时，很喜欢《悲惨世界》这本书。主人公冉·阿让因为一个小过失被囚禁了十九年。监狱是一个教导人的地方，要不断教导犯人如何遵守规则。但是当冉·阿让被释放的时候，他的眼中满是怒火，充满了对这个世界的愤怒。

所以，你会发现，教导是不会让一个人改变的，你教他怎么做好人是没有用的。冉·阿让生命改变的契机，是因为遇到了卞福汝主教。他被释放后，没有一个地方愿意收留他。在他无处可去的时候，他推开了主教的大门。主教不仅接待了他，还把他当作尊贵的客人对待。

结果冉·阿让贼心未改。他半夜醒来，偷走了主教家里的银餐具。没过多久，他就被警察抓住了。如果主教对警察说，“没错，是他偷了我的东西。”那么迎接冉·阿让的，可能是又一个十九年的监禁。但是主教说：“烛台我也送给您了，跟其他几件都是银器，您可以卖上二百法郎。为什么您没有把烛台连同餐具一齐带走呢？”

这件事情，使冉·阿让的心灵受到很大的冲击。他的思想彻底改变了。我最初看这部小说时很感动，但是不明白为什么冉·阿让会改变。直到后来，我看到一些品格高尚的人，他们由内而外流露出美善，我被他们的生命所吸引。我在和他们交往过程中，我的生命也开始更新和变化。这就是爱的力量，让人改变的不是道理和知识。

当我们教导孩子品格的时候，如果我们不能去爱孩子，不能接纳孩子的失败，就无法传递爱。比如，我们要教孩子公正，却在孩子不公正的时候，马上去指责他；我们教他更新，却不断地批评他。这些做法都无法让孩子学会这些品格。

孩子需要怜悯、爱和接纳。当他们缺乏节制、不够顺服、不公正时，我们愿意带着爱和接纳的态度，耐心地教导他们、慢慢地训练他们，这样才能让孩子的心慢慢改变。

当然，还有一件很重要的事，就是让孩子看到父母也在不断地改变。

我们也不要刻意向孩子推销某个榜样。因为在现今这个时代，常常会出现榜样坍塌的现象。很多看起来名声不错的人，后来就会爆出丑闻。我们自己也不是完美的榜样，我们和孩子一样，都需要被接纳、被饶恕，我们都需要爱。

我常常想，为什么在人类历史长河中，有一些人，他们的思想和事迹，可以超越时代，不断地被传颂，直到今天，依然鼓舞着我们、温暖着我们呢？因为一定存在着一个永不止息的、美善的生命在不断影响着生命。

第二个误区：我们把品格当做追求自我成功的工具

当我们把品格教育称为素质教育时，就有了把品格当成工具的嫌疑。我们会由此推演出，你之所以没有成功，是因为你没有好的品格或者你有了好的品格就可以做出成功的事业。

如果你把品格当成取得成功的工具，你很容易就会变成功利主义者。事实上，品格不是工具，而是一个美丽的结果。一个有好品格的人会给别人带去祝福，让世界更加美丽。

我们在训练孩子的时候，要特别小心这样的功利心。如果我们把品格当工具，就好像是通过我们的努力可以改变孩子。事实上，你改变不了孩子。真正的品格是结出来的果子。那么，让果子长出来的养料是什么呢？就是我们刚刚说的无条件的爱和榜样的力量。在生活中，用这些养料去浇灌和滋养孩子的生命，时候到了，孩子就会结出品格的果子。

当我们走出这个误区时，我们的心态会更加平和。我们不再焦虑，因为如果把品格当工具，我们会觉得它不好用；但是当我们明白，它是时机一到，自然而然就会结出的美善的果子时，我们就会耐心等候。

走出这个陷阱，我们就不会去伪装。如果父母把品格当工具，孩子就会假装有好品格，但假装出来的东西一定不美。

有一次，我去北京的一个景区，我一边看四周的风景一边感到无语。因为本来很美的大自然，加上人工的修饰，反而失去了美感。我看到一个瀑布，瀑布边上开满了腊梅，走近一看，发现腊梅都是塑料做的，我感到很失望。当我们把品格当工具时，就会产生这个效果。

品格是通过日复一日的教导和浇灌，在生命中长出来的美善的果子，孩子自己也会很享受；但如果是装出来的，是假的，孩子自己也会感到厌烦，有一天他就不想再装下去了。

第三个误区：当品格出现的时候，我们因为孩子的行为而赞赏孩子本身

关于赞赏，很多家长已经开始学习从赞赏行为转向赞赏品格，但我们赞赏品格时容易以孩子为中心去赞赏孩子。当我们惊喜地发现，孩子的美善终于结出了一点果子，与其说我们赞赏

美，不如说是发现美。

赞赏不应总是聚焦孩子："哦，你很美！"而是应当带着惊喜去发现带着品格的生命在孩子身上已经开始长出来一点。

我们赞赏孩子不是以孩子为中心去赞赏，而是去发现：你在栽培他的过程中，在那些美丽的思想、美善的生命的影响下，他终于开始有一点发芽生长。我们带着感恩、带着欣喜，继续期待着孩子生命中越来越多的成长。

在做品格教育的过程中，当我越能够避开这些误区，心态就越从容越放松。我知道品格教育不仅仅是训练孩子的行为习惯，更是训练孩接子的价值观，而价值观的后面是世界观，有信仰的、有正确世界观指引的品格教育才是有意义的。

我最近看了一部讲述德国著名将领隆美尔的电影。隆美尔是一个非常优秀的德国元帅，他勇敢坚定、足智多谋，也很体恤士兵，但问题就是他选错了效忠的对象。所以这就涉及影响价值观的世界观的问题，你属于谁，这是更重要的。

我希望在家庭教育中，在和孩子互动的过程中，我们可以和孩子一起成长，避免进入品格教育的误区。我们都需要爱，需要被饶恕，需要被接纳，被鼓励。在这个过程中，那些美善的思想和生命，深深地影响着我们的孩子。之后，我们就可以欣喜地看到，孩子生命中结出品格的果实。

3

养育法则二：从“我和你”到“我们”

真正的爱是忍耐、接纳、不离不弃，随着时间流逝，孩子最终感受到谁真正爱他，他的心就属于谁，就会认同谁的教导，认同谁的价值观和世界观。在爱的关系中，父母才可以利用各样机会，来传递分享自己的价值观和世界观。

当孩子和我们拥有一致的价值观和世界观，他就不再是陌生人，而是我们的家人，是一生的家人，永永远远的家人。

第 9 章

养育孩子，从无条件的爱开始

父母如何看待加入家庭的新成员——孩子？一个新生命进入家庭，父母如何看待他非常重要，这影响着我们以后怎么养育他们。

父母对新生命的三种观点

关于孩子天性的善恶有很多不同观点。一种说法是：孩子生来就至善无比，如果以后出现问题，那一定是环境的原因。第二种说法是：孩子生来就恶，我们需要不断去教育陶冶他，让他成为对的人。还有一种说法是：孩子既不善也不恶，是一张白纸，父母可以任意将其涂画成一幅作品。

这三种说法中，哪一种更准确？如果说孩子性本善，可父母会发现孩子生来就自我中心；如果说孩子是一张白纸，父母们的心理压力会很大，会担心：如果我画错了怎么办？因此甚至不敢下笔，害怕出错。孩子带着父母的基因，但他并不会自然而然地继承父母的思想观念和价值观，更不明白世界是否公正有爱，不明白它是如何维系的。

为什么说养育孩子就像养育陌生人？

孩子出生了，就像陌生人来到一个家庭，他和我们的关系存在两种可能性：要么被养育成家人，要么仍然是陌生人，甚至反目成仇。从养育结构来看，呈现在孩子最外面的是行为，这是我们肉眼可见的最直观部分。接下来，还有存在于他内心的价值观，这是我们不能直接看见的部分，而价值观又由更深层次的世界观决定。

价值观和世界观的区别在于，价值观涉及“认为什么是对什么是错，什么重要什么不重要”；世界观则解释“为什么对或者错，为什么重要或者不重要”。价值观和世界观都属于孩子的内在部分，相对于外在行为，内在的价值观和世界观更加重要，是我们更需要去注重培养的。

当我们谈“你是在养育一个陌生人”，即孩子刚刚来到家庭时，他的价值观和世界观并没有成形，要在家庭中去形成。很多的家庭养育孩子的过程就是：来的时候是个陌生人，送走的时候还是陌生人。这样，孩子的价值观和父母完全不一致，父母会觉得这个人很陌生，他们说：“这个孩子变得我都认不出来了。”这个过程充满冲突和痛苦，没有真正的亲密关系，是很大的遗憾。

我们来看看，这个“陌生人来，陌生人去”的过程是怎样发生的，以及我们如何把一个陌生人养成家人？

孩子是如何被养成陌生人的？

第一，目标错误。如果我们聚焦于孩子的外在，而非其内心，那就犯了目标方向性的错误。比如，关注孩子的身体、知识，却忽略了他们价值观和世界观的形成。如果只看重孩子的身体健康，可能更像在养育一只小猪，目标就是把他养得结实强壮；如果只看重孩子的知识，则像在制造一个机器人，只是在往他头脑的芯片里输入各种知识。

第二，有五种常见方式会把孩子变成陌生人。

1. 忽略孩子。给孩子吃饱喝足穿暖，给他一个安全的家，但忽略他的内心，忽略价值观的教导、世界观的建构。如此，孩子最终可能没办法和你有更深的心灵交流。所以，很多父母和孩子的交流常常止步于很浅显的层面，比如“吃了吗？”“考试考了多少分？”我们无法在孩子的心灵层面有更深的交流，因为不太看重。

2. 恐吓威胁孩子，试图控制孩子做“正确的事情”。然而，当孩子被威胁时，他只会表面服从，内心却不会认同父母的价值观，相反，会越发抵触和反对你想灌输给他的。

3. 利诱孩子。父母利用一些能看到的好处，引诱孩子做事情，好像一种收买。实际上，只要符合我们价值观的事情，哪怕没有好处，会受损失，也应该去做。

4. 欺骗孩子。如果父母欺骗孩子，孩子不可能相信你教导给他的价值观。

5. 羞辱孩子。我们常常拿孩子和别的孩子做比较。当我们说到别人的孩子做得多么好时，常常会同时羞辱自己孩子：“你怎么这么差劲?”如此，孩子不会愿意往好的方面去成长，反而会抗拒你教导的价值观。

把孩子养成家人的两个关键要素

要帮助孩子形成我们想要教导的价值观和世界观，让孩子从陌生人变成真正的家人，除了避开上面的陷阱，我们应该怎么做呢?首先是建立关系。任何时候都要关系优先，让孩子感到他被爱、被尊重、被接纳。我们要训练的不是孩子的行为，而是他的心。上面提到的忽略、恐吓、利诱、欺骗、羞辱，都无法建立亲密关系。

孩子的心只能够被吸引、被鼓励。我们绝对不能透过强迫的方式来让一个人的心改变。孩子生活在家庭，同时也生活在社会里，常常会受到各方面的价值观影响。在这场塑造孩子价值观和世界观的“夺心大战”中，到底谁能赢得孩子的认同和归向?关键在于谁能给予孩子真正的爱。

真正的爱是忍耐、接纳、不离不弃，随着时间流逝，孩子最终感受到谁真正爱他，他的心就属于谁，就会认同谁的教导，认同谁的价值观和世界观。在爱的关系中，父母才可以利用各样机会，来传递分享自己的价值观和世界观。这也是根基 MCS 课程的核心理念。

把孩子养成家人的第二个要素是“赞赏”。我在陪伴一些家庭的过程中，常看到一个令人遗憾的状况：家人之间不断挑剔对方。虽然这个家庭每个人都在尽心尽力地做事，但自己做得好，却成为了批评别人的资格。他们会对配偶说：你看我做得这么好、这么拼，你为什么不努力？他们会对孩子说：你看我多么努力，你怎么不上进？这样的对话经常发生，让家庭充满沮丧。

对于这种缺少互相肯定和欣赏的家庭，我有一点提醒：消极负面的东西好像黑暗和阴影，有黑暗是因为没有光照到那里。因此，如果我们想要除掉黑暗，就应该让光进入那里，而不是去指责、咒骂黑暗。同样的，在家庭中，彼此批评这个问题很难除掉问题。看到配偶和孩子身上的问题，应该换个角度，去发现他们生命中的美好，然后去肯定和赞赏。当家庭中有肯定和赞赏的氛围，就好像光进入家庭一样。

当我们看见孩子做得不够好，要做的是温和而坚定地指出，帮他归正。通过建立亲密关系、彼此赞赏和肯定，我们传递和分享自己的价值观和世界观。当孩子和我们拥有一致的价值观和世界观，他就不再是陌生人，而是我们的家人，是一生的家人，永永远远的家人。

当我们成为同心的家人，能享受到同心同行的喜乐和美好。

第 10 章

心的交流从倾听开始

在和孩子交流过程中，父母常常会遇到很多困难。有的父母说：“现在的孩子很难交流，他们要么什么都不说，要么说话语气生硬，很难进入深层次的交流。”有的父母说：“如果交流从浅入深有五个层次，我们和孩子的交流，基本上停留在第二个层次，就是讲事实这个层面。比如，孩子找我要钱，或者请我去开家长会。”

我们希望能和孩子好好说话，能做深度的交流，有情感的交流，有思想的交流。要达到这样的效果，我们的第一步，不是说话，而是倾听。

以前，我也觉得倾听很不容易。按照 DISC 性格类型分类，我是 D 型性格。D 型人的问题就是很难倾听，我们急于发表意见，急于说话。

交流的另一个基础，就是要有良好的亲子关系。我们在 MCS 家庭教育课程中反复强调：当和孩子在一个紧密的关系中，我们的世界观和价值观才能通过交流，传递到孩子的生命中。

我想通过三个部分，来跟大家分享倾听心的艺术。

避开交流陷阱，成为交流中的建造者

要成为建造者，首先要避开一些陷阱。我们的孩子走过来说：“我今天真烦，烦死了。”听见孩子这么说，你该如何回应？

经过观察，我发现大家很容易进入几种交流陷阱。

第一个陷阱是批评式。

我们容易批评说：“你一天到晚不停地抱怨。你好好想想，你有多幸福，竟然还不知足！”如果父母这样回应，孩子就不愿意再跟我们说话了。他会砰的一声把门关上。

第二个陷阱是急着教导。

当孩子抱怨“真烦”时，我们可能会说：“注意你的态度，我们每一个人都应该有一个积极的心态，你抱怨有什么用呢？说‘真烦’能解决问题吗？我们应当积极一点儿，来解决这些问题。”这种情况下，孩子同样会躲开，躲得远远的。我们常常好为人师，但孩子这个时候需要的不是教导，而是认同和接纳。

第三个陷阱是试图拯救。

我们可能会无视孩子的情绪，无视他的压力和挑战，我们想要帮助他马上摆脱这个状态。比如：一个感情丰富的女孩子，当她有压力的时候，她说我烦死了，甚至有时候流泪。这时很多父母就受不了了，马上就说："这样啊，来来来，我给你讲个笑话，肯定让你开心。"

事实上，你很可能不会让她开心。你想很快把她给救出来，但孩子情绪的释放有个过程。这种"拯救"忽略了过程，不可能让孩子马上开心起来。

第四个陷阱是冷暴力。

当孩子有情绪、有压力的时候，冷暴力式的回应可能是："你烦？我还烦呢！"这会让孩子寒心。

最后一个陷阱是仅仅同情。

当听到孩子说很烦，你会说："我听到你烦，我也很难过。"显然，你有一颗同情的心，但你的同情仅仅到此为止，接下来该怎么办呢？两个人一起抱头哭一场吗？

其实，孩子需要的不仅是同情，他还需要帮助。他需要被引导，被启发，被建造。如果我们要和孩子有深入的交流和对话，我们不光要能够同情，还要成为建造式的父母。

如何在交流中运用倾听、引导、启发、等候，成为建造式的父母

在倾听式交流中，父母要做的主要有三步：

第一步是谦卑同情——我们需要谦卑下来，认同情绪；

第二步是引领启发——我们要引导然后启发；

第三步是忍耐等候——我们不要太急着解决问题。

我们在和孩子的交流中，如何运用这三步呢？

第一步：谦卑同情

我们要谦卑下来，首先要尊重孩子现在的思维水平。

孩子不像父母吃过那么多亏、受过那么多苦、走过那么多路，我们已经有一些阅历了，可是孩子还在成长。

我们不是要当一个高高在上的老师，不是要当拯救者，而是要把自己放低，谦卑下来，尊重孩子现在的状态，认同孩子现在的思维水平。

很多时候，父母为了让自己谦卑、安静下来，需要放慢脚步，做做深呼吸，或者让自己暂时离开一下。

谦卑下来后，我们要去认同孩子的情绪。认同情绪，意味着无论孩子有什么样的情绪，都不要去否定，而是要认同。如果他沮丧，那你要感受他的沮丧；如果他愤怒，你要感受他的愤怒。

当他说“我真烦”时，我们可以用简单的词，比如“哦”，做出回应。然后安静地、耐心地听他诉说。

我们认真倾听，同样用简单的词来表示认同。我们用这种方式极力捕捉他的情绪，认同他的感受。我们不要就孩子说的具体内容去做回应。我们很容易聚焦在孩子说了什么，却忽视了他的情绪。父母会马上问：“你为什么烦?”这不是谦卑、同情的态度。

当孩子说他今天在学校受了委屈、被别人误解的时候，你要走进他的情绪，去认同和理解。

所以，建造者父母在倾听的时候，如何和孩子的内心建立连接？就是要先从认同情绪开始。情绪是心灵的门，我们常说要深入人心，但如果你不能认同他的情绪，你就不能进入他的内心。

第二步：引导启发

引导是帮助孩子一点一点还原事实，而不是一直困在情绪中，被情感劫持。

举个例子：

有一个孩子不小心用雨伞戳到了同学的眼睛。（一听到这样的事，我们很可能会想要马上冲到学校，把孩子教训一顿。）孩子打电话过来，却告诉你，他是多么生气。这时，我们在认同孩子情绪的时候，要引导孩子把事实说出来。

孩子告诉你：是同学先挑衅他，拿雨伞在他面前晃。接着，他也拿着雨伞跟同学玩起了“格斗”。结果一不小心，雨伞突然打开了，伞骨就刮到了对方的眼睛。

我们这样一步一步地耐心引导，帮助孩子回到事实层面，回归理性，再来分辨对和错，商量如何处理。接下来，我们要和孩子沟通，引导孩子如何处理同学的伤势，怎么去医院检查。

在引导后，我们还要去启发孩子。启发就是转化，让我们的孩子去思考，如何处理，才是明智的做法，才符合我们的价值观。

第三步：忍耐等候

我们要在爱里忍耐等候。我们要特别小心，不要翻旧账，更不要没完没了地讲道理。我们都要学习适可而止、耐心等候。

在做建造者父母的过程中，我们要在孩子愿意跟我们交流时，他的心、他的注意力在我们身上时才说。如果你发现孩子已经不愿意听了或者孩子的注意力已经开始游离了，你就要打住。

我们要明白，孩子的成长不是通过一次冲突、一次沟通、一次倾听就能解决的。孩子成长的过程中，需要我们不断耐心地去听、去交流、去引导和启发。

我们该如何说

心和心的交流，最重要的是你的心在他身上。你要控制住自己，不要急着说话，而要想一想再说。

“想”的英文单词是 Think。我们需要想什么呢？我把我们需要想的内容，用 Think 这个词的每一个字母来表示。

T 是 Truth，即真实。我们要从内心里认同孩子的情绪，不要把认同当成一种技巧，停留在口头上。我们要问自己："我的情感是真实的吗？"不要假装，你一假装孩子就会识破。

H 是 Helpful。我说的是有用的吗？我说的对他有帮助吗？如果对对方没有好处，不如不说。

I 是 Important。如果这个事情不重要，就不必说；但如果这件事对孩子很重要，我们就要说。

N 是 Necessary。这些话是必须要说的吗？如果不是必须的，就不要去说。有时候，我们说的话本身是重要的，可是我们说的方式不合适。

最后的 K 是 Kind。你说的方式是温和的吗？你是在好好说吗？我们经常说，每一个孩子都值得被温柔对待。我们应该温和地跟孩子说话，就算是批评或责备，也都可以用温和的方式。

父母学习成为建造者，按建造者的方式去听和说。当我们能够总是这样耐心地去做的时候，我们就是在和孩子建立心的连接。

当建立了心的连接，孩子的心就会向我们敞开，我们的价值观、世界观，就能传递到孩子的生命中。反之，孩子的心门就会向你关闭，你就没法和他交流，最后带来很多的麻烦。

第 11 章

如何发现和发挥孩子的天赋

“就是大象我也要把它赶上树”，这个话题可能听起来有点奇怪，它是怎么得来的？

根基 MCS 的培训里，第一个主题是关于“如何接纳孩子”，其中有个环节谈道：“我们要发现孩子的天赋，不要一刀切，我们不要用他人的标准来衡量自己的孩子。”通常，我们会用一张图来说明（配图）。图中，裁判闭着眼睛，他说：“为公平起见，请比赛谁能爬上这棵树。”从图中可以看到，这些面临比赛的动物们表现各异，猴子很高兴，大象瞪大眼睛，在鱼缸里的金鱼快被气死了。

通过这张图，我们想表达的是：每个孩子都有自己的特点。如果是用一刀切的方式看待孩子，他们就不会得到接纳和尊重，会有非常大的压力。在培训里，讲师们用这张图片和家长们分享时，有家长反馈：“如果说高考和成绩排名是这棵树，那么就算我的孩子是大象，我也要强迫他去爬这棵树。”我们听了之后，眼睛也像大象一样瞪大了，这很可怕，这个压力太大了。

孩子本身各有特点，有的像大象可以负重，有的像金鱼会游泳，有的像蜗牛有耐力。如果我们不发现他的特点，不按照他的天性去养育，而是全都按照统一标准去养育，孩子就不会成为他自己，会承受很多痛苦，因此变得和父母充满对立。

如何发现和发挥孩子的天赋？共分为三个部分来阐述。

发现孩子天赋的途径

天赋就像小树苗，当它冒出来，我们是能够看得到的。对于有足够时间陪伴孩子的父母来说，发现孩子的天赋并不难。所以，如果想发现孩子的天赋，最重要的是有时间和孩子在一起，在孩子小的时候给他广泛的体验，去玩，去尝试。通常，家长越早发现并帮助和支持他，他的天赋可能会发展得越好。反之，就会慢慢衰减。

当陪伴足够了，我们往往可以通过这几个迹象来发现天赋：

第一，看孩子的兴趣所在。有的孩子喜欢下棋，有的孩子喜欢听故事、讲故事，有的孩子特别喜欢运动。

第二，看孩子的专注所在。当孩子做自己喜欢、擅长、兴趣所在的事情时，会表现得特别专注。他会不断提问，甚至常常思考这个事情。

第三，看到孩子的敏感性所在。如果他对某个领域的东西很敏感，他可能本来正在做其他事，一旦听到或看到他天赋兴趣所在的事情，马上会表现得很敏感。

第四，看到孩子的成就所在。有的孩子小时候就会做一些数学题目；有的孩子能讲非常动听的故事；有的孩子热衷运动，体力充沛，爆发力惊人；有的孩子一听到音乐就能在钢琴上弹出来。比如郎朗，他小时候还没学习钢琴时，就能在钢琴上弹出听到的音乐。我们会发现，孩子在他所热爱的事情上会脱颖而出，取得成就。

也有的孩子在很多方面都有优秀的表现，那不妨继续观察和支持他，等他在某个领域表现出特别的专注和敏感，这样就能发现他的天赋，继续学习如何帮助他，成全他。

要注意的是，既然是“天赋”，就不是家长创造，也不是家长培养出来的。天赋是与生俱来的。培养是对他“天赋”的支持。就像刚才上文提到的那幅图：大象能负重，猴子会爬树，金鱼能游泳。这些都不是培养出来的，你永远无法培养金鱼去爬树，也无法把大象赶上树。我们仅仅能发现特点，无法培养出特点。

小心，别毁掉了孩子的天赋

每个孩子都是独一无二的。但很可惜，在生活中我们看到很多父母非但没有去培养孩子的天赋，反而成功将其毁掉了。毁掉孩子天赋，一般有四个方法：

第一，把孩子的天赋变成自私性的。

自私性就是让孩子觉得“这个天赋就是我的!”然后马上拿去跟别人比较。每个孩子都有自己的天赋特点，发现后用以表明他是谁，是为了区分而不是比较。如果孩子认为天赋就是为了表明“我比你强，比你厉害，我多么了不起”，沾沾自喜，这就是把天赋变成了自私性的，完全为了自己的益处，家长如果也觉得“我的孩子好聪明，把别人都秒杀了”，这就是个很大的问题。

把天赋“自私化”，意味着我们没有去引导孩子明白天赋的意义所在。如果一个人唱歌声音美妙、唱歌动听，他是因此骄傲和看低别人，还是说用美好的歌声去安慰和鼓励别人？前者是“自私化”，后者是“意义化”。天赋是用来祝福别人和世界的，而不是因之骄傲和炫耀。很多孩子空有天赋，在竞争中为了击倒别人，他会变得胆怯和恐惧失败，有时又会缺乏意义感，这些天赋就会慢慢丧失。

第二，恶劣的关系。

孩子的天赋就像一个礼物，同时又存在危险。危险在于父母有很高的期望值。父母可能会觉得：“哇，我的孩子从小有经商的头脑，他以后一定要成为比尔·盖茨!”“我的孩子理科这么厉害，以后要得诺贝尔奖”……孩子小的时候展现一点点天赋时，我们很容易把他畅想成世界第一，期待他未来会多么成功。然而，这都是父母一些不切实际的期望。

这些期望的危险性在于：我们所爱的并不是孩子本身。我们爱的是他的天赋、成功，而不是“无论他有没有这个天赋，无论他是不是能成功，我们爱的都是他本身”。高期待会让我们给孩子设定高目标：“既然你有这个天赋，弹琴弹得这么好，你就得使劲给我弹。”

郎朗的传记里写道，他父亲要求郎朗每天弹 8 个小时钢琴，如果他偷懒，父亲就会非常严厉。在恶劣的关系里面，有一天，郎朗握拳去砸墙，因为无法承受如此高的期望：“我要毁掉这个天赋，让你心痛。”所幸后来他们的关系发生了改变。所以，有些家长因为孩子的天赋有了不切实际的期望值，不接纳孩子，给孩子设立很高的目标，有意无意表达出：你如果不成名，我就不爱你了，因为你浪费了你的天赋。当家长和孩子处于这种恶劣的关系，同时家长又提出严苛、没有爱和接纳的要求，最后会导致孩子逆反，甚至想毁掉天赋。

第三，常常赞赏孩子的天赋，却不注重操练和磨砺品格。

拥有天赋并取得杰出成就的人，都经过特别的磨砺和训练。也许有的人从小打靶就很准，但他若真要成为奥运冠军，除了天赋，一定还要经过非常严格的训练，训练可以造就他的品格：冷静、镇定、沉着。

我们也看到过很多人很有天赋，但是无法自控。作为一个足球爱好者，在球员中，我看到许多有天赋的球员很早就隐退了。记得英国球队有个前锋叫鲁本，他深具天赋，爆发力惊人，但是早早就退役了，因为他无法控制情绪。而 C 罗，不光有天赋，还勤奋训练、保持节制，比如严格控制身体的脂肪比例，得益于此，他长期保持着稳定良好的状态。

就算一个孩子天赋异禀，如果家长不注重训练出品格与之匹配，这份天赋最终也会失去。有些孩子小时候聪明机灵，学习起来很轻松，但到了初高中，由于没有养成良好的习惯、节制的品格，儿时那份灵气就慢慢不见了踪影。

第四，孩子不断操练获得成就后，忘记去庆祝。

我们常常在孩子取得很好的成就时，不为他庆祝，反而提出更高的要求，对孩子缺乏认同和欣赏。这样，孩子很难感受到鼓励。当孩子失败的时候，也没有通过接纳和肯定来安慰、鼓励他，令孩子陷入自我怀疑。

家长需要在孩子表现失败时，依然接纳，肯定他的特点和天赋。比如孩子平时擅长写作，结果在一次考试中，作文怎么也写不出来。这个时候一定不要忘记给予他肯定和爱，告诉他：爸爸妈妈一点都不怀疑他有写作的天赋。否则，孩子就会怀疑自己，无法接受失败。

帮孩子发挥天赋的七步骤

孩子的天赋是上天的礼物，谦卑是最恰当的态度。建议用“谦卑态度七步骤”来发挥天赋。

第一步：发现

在孩子小的时候，多让他去尝试、接触各种事情，鼓励孩子全面发展。

第二步：欣赏肯定，标明鼓励

欣赏孩子的特质，帮助孩子认识和标明自己的特质。

第三步：有谦卑的态度，感恩

谦卑的态度对有天赋的孩子尤其重要。既然称为“天赋”，也就不是“我拥有”，而是来自上天的赋予。我们每个人就像花园里不同类型的花朵。上天给每种类型的花朵都赋予了不同的特点，比如让金鱼能游泳，让大象能负重。因此，焦点不在于孩子，也不是礼物（孩子的特点），而是要有一颗谦卑的心，感恩上天的赋予，不因为天赋而骄傲自大。

第四步：提醒孩子天赋的意义

我们要引导孩子去思考、探索：为什么我有这样的天赋？

我要如何让这个天赋有意义？如何用这个特点去祝福别人、让世界更好？

第五步：帮助孩子意识到他的责任

这个责任是：既然我有这个特点、这个礼物，比如游泳、数学、写作，就要把这个特点使用到极致。可以给自己制定合理的目标：每一周、每一天要练习多少次，在任何环境中，不断去实践、操练，以使天赋能够最大程度发挥出来。

第六步：接纳孩子的失败

有的孩子数学很好，但也许有一次数学考得一塌糊涂；有的作文很好，但有次作文得了零分。这种情况下，家长要接纳他，千万不要嘲讽、指责或否定，依然要告诉孩子："我爱你，不是因为你有这些天赋，我爱你不是因为你取得的这些成绩，我爱你，就是因为你是我的孩子。"

第七步：常常庆祝

当孩子经过不断努力，取得一定成就的时候，全家要一起来庆祝。可以一起用餐，也可以给孩子买小蛋糕，全家一起给予赞赏，来肯定鼓励孩子的成就。

当家长引领孩子经过这七步：发现、标明、谦卑感恩、提醒天赋的意义、发挥责任训练天赋、接纳失败、庆祝成就后，他就能发挥自己的天赋。

父母需要带着一颗平常心去观察孩子的特点，有所发现以后，依然保有一颗平常心，谦卑接受孩子，而不是由家长来决定他未来的职业和人生。有的孩子小时候表现出数学天赋，但是长大后可能会成为一个写作高手。

我相信，每位孩子有他自己的人生，家长要做的是发现、欣赏、鼓励、肯定、支持，然后接纳他的失败，欣然等候，在爱里面看到孩子生命绽放出他自己的特色。

第 12 章

谦卑认错，提升自我

当父母们开始意识到自己以前做得不对，给孩子造成了伤害，感到懊悔、内疚，想要去弥补和挽回，这种承认“我错了”的谦卑之心，令我非常感动。如果父母们以前做错了，还有机会挽回吗?

我想用三个短语来分享这个主题：“太好了!”“错在哪里?”“怎么办?”

一、太好了!

父母知错是美好的觉醒。世界上最容易说出口的三个字是“你错了”，最难说出口的三个字是“我错了”。家长能说出“我错了”，真是美好的改变。因为意识到自己错了，是成长的开始，在通往成为更好父母的道路上，你迈出了至关重要的一步，此时问题已经解决了一半，因为你找到了正确的方向!

二、错在哪里?

首先，我们要避免“乱认错”的情况。孩子出问题的时候，家长心急如焚，为了让孩子恢复正常，什么错都愿意认。孩子也常常因为状态不好，逼着父母给自己道歉。这时，父母在孩子的胁迫下，会一概说“我错了我错了”。然而，这并非真正的认错，既无助于父母的成长，也无助于孩子的成长。

真正的认错，要明白“错在哪里”，这就需要一个清楚的标准。我们不能被孩子胁迫，而是要知道对错的标准。通过这个标准，找到不足之处。

三、怎么办?

我做子女教育工作很多年，总结起来，不论哪类课程内容，都有共同的三个要素：

第一，父母要赋予孩子身份。即让孩子知道自己是被爱的，被父母肯定的。这样的爱和肯定是无条件的，孩子不需要通过好的表现来证明自己有价值，也不需要去迎合别人的评价标准。很多人一直活在别人的期待当中，一直在努力证明自己，非常辛苦，因为他没有找到自己的身份。

这种身份确定是明确知道：不论自己犯多大的错误，都是被爱着的；不论自己去往哪里，都会被爱被寻找；不论多么伤痕累累，回家时，父母都会张开双臂拥抱自己。如果孩子没有这种被爱的身份，他会尝试各种方式去寻找身份。

第二，父母要帮助孩子确立与身份匹配的行事为人标准。包括教导孩子合宜的生活方式，包括孩子的品格、生活的使命、对他人和环境的态度。这些能帮助孩子活出美好人生，既保护自己，也祝福他人。

第三，父母需让孩子知道他和周围世界的关系。要帮助孩子明白，他需要通过服务去祝福他人，他对生活的环境和地球有管家的职分，要去保护和治理。

根基的 MCS 理念标准包含：孩子要有使命感，不以自我为中心；甘心乐意在品格上不断成长和完善；学习服务他人。要让这套理念进入孩子内心，既不能靠强迫，也不是要他伪装，而是让他体验到做对的事情时，内心有喜悦和平安。当孩子感受到无条件的爱之后，会甘心乐意地接受这套行事为人的标准（价值观、品格、世界观），活出美好人生，并学习用谦卑服务的方式与周围人互动。家长可以根据这套三要素标准，评估哪方面出了问题，该从哪些地方进行改善。

父母对孩子常见的四种伤害

基于大量的子女教育案例，我总结了父母对孩子常见的四种伤害。

第一种是目标设定错误的伤害。很多父母平时会有意无意地暗示孩子：要出人头地，用成绩来证明自己，把世界踩在脚下。这其实把孩子带到了错误的目标上，即进入用表现来评判一切的世界。如此，会把孩子变成一头丛林里的动物，优胜劣汰，适者生存。这种引导的结果是：孩子要么被训练得充满血性，但总有一天，他会被击败，因为没有一个人可以永远赢；要么在残忍的竞争中选择放弃出局，因为不愿在看不到尽头的竞争中最终被人踩在脚下。

这就是目标设定错误带来的伤害。父母们要改变，要重新告诉孩子：你是我所爱的，无论你表现如何，无论你遭遇了什么失败，我都爱你。我们的目标是：让孩子愿意接受自己，愿意接受家长的价值观，愿意接受品格的训练并能够发挥他的天赋。

第二种是忽略的伤害。我曾经在很多课程中播放过一个关于亲子时间的视频，很多家长被触动而哭泣，他们为自己太忙碌顾及不到孩子而内疚。忽略孩子所带来的伤害，会让父母们懊悔不已。当我们对孩子的观察不够细致，甚至当孩子被霸凌时却没有及时介入帮助，这都会给孩子的成长带来负面影响。

第三种是高控制、强权的伤害。家长不是要去训练孩子的行为，而是训练孩子的内心。有的父母用行为控制孩子，有的用情感。高控制带来的后果是，孩子很想逃离家庭，因为家庭不是支持性的。往往直到孩子逃离家庭时，父母才开始后悔。

第四种伤害是，婚姻冲突让孩子缺乏安全感。俗话说，幸福的家庭都是相似的，不幸的家庭各有各的不幸。父母们越早知道幸福家庭的秩序和规则，就越容易发现自己的问题，越有机会改变。

从改变自己开始

当人开始想改变，问题就已经解决了一半；剩下的一半就是如何改变，提升自我，对此我有几个建议：

第一，要学会接纳自己。没有一个人生来就是好父母，即使你的原生家庭非常好，每个人还是需要在做父母的过程中慢慢成熟。天下没有不犯错的父母，每个人都是从任意妄为、自我中心的“浪子”阶段开始，逐渐成长为一个能对生活负责任的“乖孩子”，但这还不够，因为乖孩子会看不起不乖的孩子，会刻薄、论断；接下来，还要成为真正的父亲，对不乖的孩子也有怜悯和慈爱。从“浪子”到“乖孩子”再到“父亲”，这是合格父母必经的过程。

此外，还要学习忘记过去。无论我们以前做了什么，从现在开始，要选择做对的事情，错误只能伤害过去，不能毁掉未来。我们现在付出的每份努力和改变，绝不会白费，一定会带来收获。

第二，别活在“能从头再来就好了”的懊悔中。当一些父母明白了“孩子最好从小就由夫妻自己带，这样有利于建立安全感”之后，就开始懊恼：“哎呀，要是能从头再来一遍就好了。”

诚然，父母之前的错误可能确实已经造成孩子安全感不足，给孩子的状态带来了一些负面影响，比如喜欢窝在家里、和父母的关系非常对立等。但是，我们要把目光放长远一点，孩子目前的状态并非他人生的最终状态，孩子有一生之久的时间去成长、改变。

人的一生好像一幅画，也许这幅画会有一些黑色的部分，但这幅画完成之后，从全景来看，那些暗黑之处会衬托出画其他部分的光明。过去的错误导致了现在的情况不理想，但这并不是结束，孩子还有大把的未来。

有时候，有些黑暗特别能衬托出光明。我发现，那些受过伤害的孩子，在和父母恢复健康的联结后，他们的亲子关系会变得更加深刻。父母可以借着谦卑认错、寻求饶恕、愿意以更好的爱去爱孩子，让原本冲突的亲子关系变得紧密。所以，我们不需要从头再来，而是把过去的那段失意旅程，放在人生全景中去接受吧！现在开始，做对的事情，你们的关系会在爱里面联结得更深刻。

值得注意的是，我们做正确的选择，焦点却不在于让孩子改变。父母要专注于自己的改变，而不是去改变孩子。父母的态度应是这样：“是的，我之前做错了一些事情，我现在认错，开始改变自己，开始做对的事情。”也就是说，我们要寻求改变自我，而不是把改变孩子当作目的。

如果你改变了一点点，就开始观察孩子是否也有所改变，有没有更听话一些？如果是这样，那就功利心太强了。最后可能会很沮丧，就像做生意一样，觉得“我投入了这么多本钱，怎么还没赚回来”。

养孩子不是经营生意，专注于自己的改变，是我们知道什么是对的后，不断地自我改变和成长。这个过程中，也许你刚开始做得不够好，请依然接纳自己，然后继续朝对的方向成长。当你专注于自己的成长时，可能过了一段时间，孩子也会有所变化；也有可能过了很久很久之后，孩子好像并没有任何改变。不要沮丧，最重要的是家长自己成长了，改变了，成为了一个更好的人。

那家长要如何具体去改变自己、挽救错误呢？总结来说就是：谦卑认错，勇敢去爱，只管耕耘，不问收获。

谦卑认错，是放下自己的架子。但不要乱认错，要参考学习一些家庭教育的标准。真的认错，是发现我们的目标设定错了，忽略孩子错了，控制孩子错了，自我中心错了。如果这些做错了，那就谦卑认错。

勇敢去爱。去爱，特别是爱一个冒犯你的人。爱一个看起来荒谬不近人情、大逆不道的孩子，需要勇气和力量。带着信心去付出、接纳，不求回报，不为控制。

只管耕耘，不问收获。每一天说肯定的话语、表达爱，即使孩子冒犯我们，仍然安静以对，孩子失败的时候与他一同哭泣，展现怜悯和付出。

要做到以上这些真的很不容易，尤其对于那些养育起来难度极大的孩子。所以家长需要自己先活在爱里，被爱，然后才有力量去爱。

到底最后，孩子能挽回、会改变吗？

不论孩子是否会改变，改变的时间需要多久，即使在我们离开这个世界的时候，都没有看到孩子的改变，还是要不断去做对的事情，不断去爱他。因为当我们这样做的时候，孩子的人生之路上不会一片漆黑，而是有明亮阳光照耀。当孩子意识到我们的改变，他会认识到，其实在他生命中，父母一直在爱他、支持他。父母这份不止息的爱，会让孩子的人生光彩明亮。

第 13 章

正确看待原生家庭问题

关于原生家庭，很多人都有一些伤痛。关于原生家庭的问题有很多观念。有人把很多注意力放在原生家庭，把人生所有的不如意和问题都归因为原生家庭。因此有这样一句话："有的人用童年医治一生，有的人用一生医治童年。"

原生家庭是我们的出处，是我们人生的背景和成长环境，它的影响也确实很惊人。那是不是一个人所有的失败和问题都来自原生家庭呢？其实也不尽然。如何恰如其分地看待原生家庭的问题，怎样才能从原生家庭的伤害中走出来？关于这个话题，我总结了三个关键词：

1. 饶恕：通过饶恕走出来，跟过去告别。

2. 成长：我们来自不同的家庭背景，如何把过去的经历变成人生的经验？当我们已经为人父母，如何避免以前的错误？

3. 反哺：我们如何处理和父母、原生家庭的关系？

通过饶恕、成长和反哺，我们可以走出原生家庭的伤害，把它留在身后，开始自由地往前走。

饶恕：和善意相遇，与过去告别

饶恕，重要的是跟过去告别。你可能都听说过《六 A 的力量——如何成为你孩子眼中的英雄》这本书的作者麦道卫博士，但很多人可能不知道他的成长背景。

麦道卫博士拍过一部纪录片《勇敢面对》，讲的就是他自己的成长经历。他有一个破碎的童年，即使已经六七十岁，讲起童年经历，依然有泪水从他眼中流出。

他的助理曾经告诉我，和麦道卫博士相处时，千万不要从后面拍他的肩膀，否则麦道卫博士会情绪失控。因为麦道卫小时候在学习时，酗酒的父亲喝醉酒后，会从麦道卫背后拍他的肩，他一转过身来，父亲就会开始暴揍他。麦道卫的父亲不仅打他，也打他妈妈。

当麦道卫 13 岁时，他以为自己已经有足够的力气反抗。有一次父亲又喝醉了，麦道卫把父亲拖到马厩，用一根绳子绑住他，还在父亲脖子上缠了两圈。那个瞬间，他有想勒死父亲的念头，但后来终止了行动。

麦道卫长大以后，有了一个非常美满的婚姻，生了三个孩子，还收养了一个孩子。他的孩子告诉他：“爸爸，你是世界上最好的爸爸。”他是怎么从原生家庭的伤害中走出来的呢？麦道卫博士说：“我们每一个人都需要饶恕。”透过饶恕那些伤害，饶恕他的父亲，他才可以跟过去告别。

怎样才能去饶恕？这是最难的。没有饶恕的动力，很多时候只能是压抑、委屈的，有人选择逃避远离，有人会愤怒以对。

那么，饶恕的动力从何而来？答案是：动力来自于你在生命当中遇到的善意。当我们明白自己也存在各种问题，但是，当这样的我们在生命中遇到善意，获得无条件的爱和接纳，善意就会变成动力。当我们的过犯被赦免，我们就开始有动力，去赦免那些冒犯、伤害过我们的人。没有善意就不会有动力。

第一步：从受害者心态中走出来

你可以一直当个受害者，但也可以开始学习过一种负责任的生活。过去的伤害确实毁掉了很多美好的东西，但如果我们一直困在受害者心态里，就会继续一直被摧毁着。

有一次我去老朋友在的城市出差。见面时，我们分享彼此生命中的故事。他谈到，父亲以前一直打他，对于父亲的伤害，他很痛苦，一直无法释怀，觉得自己是受害者。直到父亲离世都没有办法饶恕。

父亲快去世的时候，母亲不断地催他回家去见父亲最后一面。虽然实在不愿意，但他最后还是去了。看到父亲奄奄一息躺在床上，他站着，什么也说不出口。他感到心中的愤怒依然得不到释放，于是对处于弥留状态的父亲说：“你也有今天！”他母亲听了非常痛苦。

所以，直到父亲去世，他都没有从父亲的伤害中走出来。当他有能力饶恕父亲时，父亲已经离开了。这成了他人生的遗憾。

如果你受到过原生家庭的伤害，趁父母还在世的时候，我鼓励你开始学习过一种负责任的生活，不要被伤害控制，虽然你没办法选择别人对待你的方式，但你有选择回应方式的自由，可以选择不和伤害你的人一起“跳舞”。

第二步：不要往后看，要往前看

要从饶恕里走出来，还有一点很重要：不要往后面看，要往前看。你的人生仅有一次。

过去，你没法选择生活的背景，哪怕它很黑暗；但现在，你前面还有很多的时间，在你仅有一次的生命中，你可以选择成为一个发光的人，拥有更明亮的人生。黑暗吞掉了过去，但我们不要让黑暗继续吞掉未来。我们可以选择把过去受的伤害变成动力，更加积极。

我们也要去思考：为什么会有那么多的伤害和问题？有些伤害可以预估、避免，如果确实存在问题，比如制度上的漏洞，那我们如何推动制度改变，让家庭得到更好的保护？如果是观念上的问题，我们如何参与推动观念更新？

所以，这也是我们团队 17 年一直推动 MCS+6A 的家庭教育模式的动力。因为我们看到很多家庭的痛苦，这些痛苦成为了我们的动力，我们一定要去更新改变家庭的观念。

成长：识别原生家庭模式，克服影响

我们从过去走出来后，就需要冷静地观察、反思，看看过去给你带来了什么负面影响，并开始有意识地学习如何理性面对，把经历变成经验和教训，克服这些影响。这就是成长。

我们先来看看几种典型的原生家庭。

第一种：强权式家庭

强权式的家庭以父母为中心，对孩子一味地管教，但很少和孩子建立关系。

在强权式家庭中长大，可能会给你带来愤怒、反抗。很多时候，不管权威实际上是对还是错，你都常常会违反和对抗权威。这就提醒我们，要识别自己因成长背景带来的不理性，谦卑学习。如果对方是对的，我愿意听从。如果是不对的，要有勇气去沟通。

另外，在强权式家庭中长大，也可能会让你在孩子身上重复类似的教养方式。你可能也会成为高控制的父母，强压、大声、暴力，用同样强权的方式来对待孩子。

既然要改变，就要从现在开始去和孩子建立关系，学习影响孩子的心，而不只是从外在控制他的行为。

反之，你还可能会走入另外一个极端：成为溺爱式的家长，对孩子完全放纵。这样也不好，孩子没有学到规则，就不知道如何去做对的事情。

第二种：溺爱式家庭

我们做父母，要既有爱也有管教。但如果你成长的家庭背景是溺爱式的，父母对你有求必应，把你宠坏了。这可能就会让你习惯以自我为中心，不太容易妥协让步，不太懂得尊重别人的决定，想要大家为你考虑所有的事情。

成为父母后，你也有可能这样溺爱孩子，或者你做了父母也还是以自我为中心，与孩子打得不可开交——你们不是亲子，而是两个孩子。所以，你也要重新学习妥协，学习尊重别人的决定，学习允许别人对我们说不。

第三种：忽略式家庭

在忽略式家庭中长大的孩子，有非常痛苦的经历，但同样也可以成长。

被忽略的人常常会有很深的孤独感，严重的还会对亲密关系心存恐惧。你可能不相信世界上会有亲密关系，习惯了孤独，不愿意跟人交往，沉默寡言，容易忽略身边的亲人。这样的人当父母后，也容易忽略孩子，因为自己没有和父母在一起的美好记忆。

你要学习去建立关系，主动投入到亲密关系中，避开错误的成长模式对你的影响，向着平衡发展：既有真爱又有真管教，成为更成熟的人。

反哺：三个步骤，让父母体验成熟的爱

我很喜欢这样一句话：一个人会自然而然变老，但不会自然而然地变成熟。每个人都如此，包括父母。一些在成长中受过伤害的人，很难和父母相处，不少人选择避开和远离。但我鼓励你“反哺”，这是指，如果你已经足够成熟，有力量与父母和好，并且越来越有为人父母的心肠，就要开始把父母当作孩子那样，来反哺他。

第一步：给父母安全感

当你通过饶恕从愤怒仇恨当中走出来时，要同时给父母安全感。你可以反复地告诉他们：你爱他们，并不是因为他们以前做得多好，假如他们以前做得不够好，那也已经过去了，你已经释放了。这就是一种安全感。

有的父母常常在孩子小时候这样说：“你要表现好，我才爱你。”是因为他根深蒂固地相信这些，所以当他年老的时候还是如此，认为“有用才有价值，有价值才值得被爱”。所以他总感

觉要帮你忙，帮你做一些什么事情，才有安全感。

你要反复告诉他，并不是因为他能帮忙，他有用，你才爱他。你要不断地给他安全感：“我爱你，因为你是我的父母，这个身份和关系不会断绝。”

第二步：付出爱的行动

这里为什么没有提“爱的感觉”呢？因为很多时候，人可以理性上饶恕，理性上学习做出爱的行动，比如给钱或者送礼物，但他会感觉没有做到真正的爱。

对此，我们也不要太勉强。有爱的感觉，需要时间，需要不断有恩典在心里给你带来动力。只有大爱在你里面带来动力，你才会从感觉到意志再到行动，都一一被改变，这需要一个过程。你可以先做理性上的爱的行动，不需要苛求心里有爱的感觉。

第三步：设定界限

我们要不断让父母有安全感，不断对他们有爱的行动表达，但是要设定界限。你已经足够成熟，需要学习如何不被其他人控制，不被父母控制，也不被情感控制。比如父母可能习惯通过受苦在情感上控制你，增加你的罪疚感，这些都要特别小心。这种界限也是双方面的：你不要去控制父母，也不要再让父母控制你。

也许你受原生家庭的伤害特别深，到现在还有一些精神上或者心理上的障碍。我鼓励你，不要逃避，也不要封闭自己，去寻求帮助！如果需要心理医生，那就去寻求心理医生的帮助；如果需要药物治疗，就去接受药物治疗。

在此之后，你依然需要通过饶恕、成长、反哺这三个关键步骤，把原生家庭的伤害留在背后，往前走，你依然可以活出明亮的人生。有时候，当你的背景过于黑暗，只要发出一点点光，整个人生的光明反而更能被衬托出来，这对别人将是极大的鼓励，你的人生因此变得有意义。

这个过程不容易，但你要相信，有人爱着你，你也要珍惜身边爱你的人、能够给你恩典的人。需要提醒的是，不管这个人对你多好，永远不要把期望，把一个拯救者的角色放在某个人身上。如果别人不能持续爱你，也不要认为他必须要这么做。恩典不是必须要给的。在充满爱的健康关系里，你会一点点得到滋养、成长，帮助你从过去的伤害中走出来。

4

养育法则三：恰如其分地赞赏孩子

在我们面前的，有两个世界。父母的赞赏，决定了把孩子推向哪个世界。

第一个是充满爱和接纳的世界。在这个世界里，父母总是带着欣赏的眼光看待孩子。他们关注孩子的独特之处、成长变化的地方。在这里，无论孩子的表现如何，他们都能得到爱、肯定和接纳。

另一个世界，就是表现的世界。在这里，只有表现好、有成就的孩子，才能得到肯定和赞赏。

在表现的世界，孩子充满了恐惧和压力。因为如果他表现不好，他就得不到赞赏。有的孩子会越来越害怕，直到自我放弃甚至跟父母反目成仇，因为他们发现自己一直被父母的赞赏操纵着。

因此，赞赏是一件凶险的事，因为不恰当的赞赏会把孩子带到表现的世界。

第 14 章

赞赏是一件凶险的事

有一年，在一场青少年营会上，我让每个孩子写出自己的三个突出的优点。结果，很多孩子表现出一副为难的样子，好几分钟过去了，他们的纸上依然一片空白。

我问他们："你们为什么不写呢？"

他们说："老师，我想不出来自己有什么优点。"

我说："一个也想不到吗？"

他们说："想不到。"

我问："你们的父母从来没告诉过你们有什么优点吗？"

他们说："没有。"

这个场景让我印象深刻。显然，这些孩子很少得到父母的赞赏。可悲的是，他们身上的闪光点和他们具有的一些美好的品格都被父母忽略了，而这些原本可以给孩子带来动力的。

这是一个比较极端的例子。现在，越来越多的家庭注意到了赞赏的重要。但赞赏是一把双刃剑，如果赞赏得当，孩子会感受到被肯定和鼓励；反之，赞赏有可能会把孩子推到危险的境地。

两个世界

在我们面前的，有两个世界。父母的赞赏，决定了把孩子推向哪个世界。

第一个是充满爱和接纳的世界。在这个世界里，父母总是带着欣赏的眼光看待孩子。他们关注孩子的独特之处、成长变化的地方。在这里，无论孩子的表现如何，他们都能得到爱、肯定和接纳。

另一个世界，就是表现的世界。在这里，只有表现好、有成就的孩子，才能得到肯定和赞赏。

在表现的世界，孩子充满了恐惧和压力。因为如果他表现不好，就得不到赞赏。有的孩子会越来越害怕，直到自我放弃甚至跟父母反目成仇，因为他们发现自己一直被父母的赞赏操纵着。

因此，赞赏是一件凶险的事，因为不恰当的赞赏会把孩子带到表现的世界。

错误的赞赏会把孩子带进表现的世界

有几种错误的赞赏，会把孩子带进表现的世界，让孩子压力越来越大。

第一种是压力型的赞赏。这种赞赏，强调孩子的成就和表现。比如，孩子考试得了一百分，父母就会说：“哇，你真棒！我太高兴了！下次你要继续考一百分。我爱你。”当孩子听到这样的赞赏，他会感受到压力，因为他知道，父母看重的是成绩。如果下次没有考好，他就会很害怕。

第二种错误的赞赏方式，赞赏孩子没有经过努力取得的成就。比如，我们会夸孩子很聪明或者赞赏女孩子很漂亮。聪明与漂亮是孩子与生俱来的，不是孩子努力的结果，也与品格无关。如果我们过分强调这些方面，孩子会有压力，并且他们会更加关注天分，而不是努力的过程。

斯坦福大学的心理学教授、《终身成长》一书的作者卡罗尔·德韦克为了研究人们是如何面对失败的，做过一个实验。她邀请一些 10 岁的学生做一些对他们而言偏难的测试题。

当学生感到困难的时候，她就会问他们的感受。有些孩子的回答让她印象深刻。他们会说：“我喜欢挑战！”而另一些孩子则认为自己很不幸，宛如面对一场灾难。

卡罗尔教授发现，这些热衷挑战的孩子，都具有成长型思维，他们更关注过程，而不是结果。

而另一些孩子，则是用固定型思维看待挑战。他们告诉卡罗尔，如果他们没有通过某次考试，下次考试时，他们会选择作弊，而不是更加努力。他们挂科后，会找那些考得不如自己的孩子，以寻求安慰。

卡罗尔教授因此提醒我们，在教育过程中，要多赞赏孩子努力的过程，而不是结果。

从小被赞赏聪明的孩子还可能会遇到另一种难处。比如，在学习上，有的孩子特别擅长短时记忆，刚刚看的内容，就能立即背下来；另一些孩子理解能力强，但不擅长短时记忆。当他发现别的同学很快就能背下来，他却怎么都背不下来时，他会怀疑父母说自己聪明是在骗他，对父母耿耿于怀。

第三种错误的赞赏方式是不真实的赞赏。父母并不是真的发现了孩子的闪光点，而只是用很夸张的方式来称赞孩子。比如，看到孩子做了一点家务，就夸他特别热爱劳动；看见孩子拿本书，就夸他热衷阅读；看到孩子写的一篇作文，就夸他是世界文豪。等到孩子长大了，他就会知道父母其实是想操纵他。

第四种是父母经常使用的操纵型的赞赏。我们赞赏孩子，是为了让他帮我们做事或者为了达成我们的目的。比如，父母会说："明明，你最听爸爸的话了，来，下楼去帮我买个东西。"或者"丽丽，我知道你是最讲卫生的孩子，去把家里的碗筷洗干净。"

以上这些赞赏方式，会把孩子带到表现的世界，不但不能起到鼓励的作用，反而会让孩子感到压力。当压力大了，他要么逃避责任，要么就会很生气，很反感父母的赞赏。

那么，什么样的赞赏能真正给孩子带来动力呢？

正确赞赏的四个步骤

我把正确的赞赏分成四个步骤。

第一步：同心同乐

当我们看到孩子有美善的行为，或者取得成就时，我们要认同他们的情绪，跟他们一起开心，一起为此庆祝。比如，当孩子第一次能够完整地弹奏一支曲子时，当孩子拿回一张满分的试卷时，我们可以和他们击掌庆祝。

需要注意的是：庆祝时，不要使用物质奖励的方式。当孩子考了一百分，很多家长会说，我给你多少钱，或者我买一个什么东西给你。这样很不好。比奖励孩子更重要的是，我们在亲密的关系中，一起感受孩子的喜悦。比如，孩子通过努力，在数学上有了一个突破，我们可以一起出去吃顿饭，庆祝孩子的努力，一起纪念这个特别的时刻。

第二步：具体描述

父母要尽量少用“你真棒”这样的词，而要用具体的描述性的词语，指出他在过程中展现出的正面态度和品格。

比如，孩子考试得了一百分，你可以说：“我看到你的卷面很整洁，看得出来，你答卷的时候很认真。这段时间，我看到你比以前自律多了，每天完成作业前，都不会去玩电子游戏。我特别为你感到高兴。”

第三步：我们要感恩

我常说，我们培养孩子的目标是培养出有使命感、良好品格和服务精神的孩子。虽然我们都不完美，但在品格上，我们一生都可以不断成长。感恩会给孩子带来鼓励。“你负责任的态度，让你又获得了成长，我为此非常感恩。”我们这样告诉孩子，就是在鼓励他们在品格和态度上成长。

父母不要用品格给孩子定性。比如，孩子告诉你，他在考试的时候，有一道题不会做。别人要给他看答案，他没有看。这个时候，你最好不要说：“你真是一个诚实的孩子。”因为这样的评价会让孩子有压力。我们可以告诉他：“我非常感恩，你在诚实上，又经历了成长。”或者：“在这件事情上，你表现出了诚实的品格。”这样会让我们的孩子更有安全感，因为我们每个人都是不完美的，会有做不到的时候。但通过这一次，我们看到他的品格，鼓励他成长。

第四步：表达无条件的爱

在赞赏的前三个步骤里，我们和孩子一起欢喜，我们用描述性赞赏肯定了孩子在过程中表现出的态度和品格，我们也表达了感恩。最后，我们要告诉他们，我爱你，跟成绩没有关系，你本身就值得被爱。

比如，孩子考试得了一百分。当我们做了前面的三个步骤以后，我们要告诉孩子："我们爱你，考不考一百分都爱。"

当我们使用正确的方式赞赏孩子，他们就不会被带到表现的世界。在被爱和接纳的世界里，他们会拥有安全感。正确的赞赏，让他们努力的态度和品格上的成长得到肯定。爱与安全感，激发起他们继续成长的渴望和意愿。他们很清楚：就算失败了，自己依然是被爱着和被接纳的。

最后，提醒父母们，当你要开口赞赏孩子的时候，一定要先省察自己的动机。你的动机是什么？你是想操纵孩子吗？还是你从心里欣赏孩子？你是带着欣喜和感恩，发现你的孩子又成长了吗？接着，你要问自己：我这样的赞赏，会把孩子带到爱与接纳的世界，还是表现的世界？如果你发现你的赞赏会把孩子带到表现的世界，那就请你什么都不要说吧。

下一章，我们将一起来看一下，如何通过赞赏培养孩子正确的价值观。

第 15 章

正确地赞赏利于建立孩子的价值观

我们的孩子出生时，并不是一张白纸，而是带着自我中心的底色。当孩子的价值观从以自我为中心到越来越能接受外界传入的美好品格时，他们就开始走向成熟。

在我们和孩子的互动过程中，赞赏是一种非常好的传递价值观的方式。它能把你的一些正确的价值观传递到孩子的心里。孩子在成长过程中，这些价值观在他们的心里生根、发芽、结果。最终，他们把这些价值观体现在了行为上。这就是成长。

在此，我们谈一谈如何通过正确的赞赏把好的价值观传递到孩子心里。

我会从以下三个方面来解释。

第一个部分，我首先谈谈我们不要做的事情。

第二个部分，我会谈一下我们应当怎么做，才能把价值观传递到孩子心里。

第三个部分，我会分享在孩子不同的年龄阶段，通过赞赏传递价值观的具体做法。

坚决不做的几件事

第一，不要去做孩子的差评师。

有些父母总是觉得孩子做什么都不对。如果我们这样不断地批评和否定孩子，孩子就会变得消极，和父母的关系也会越来越紧张。父母的差评，会让孩子无法接纳自己，他会觉得自己总是做不好。这个差评就像在孩子心里埋下了一根桩子。

有一个关于桩子的故事。讲的是有一位驯象师，每次大象表演完，他就把大象拴在一根很细的桩子上。旁边人看到了，就提醒他，“你不担心大象把桩子拔掉逃跑吗？”驯象师回答：“不会的。在它还是一头小象的时候，我就把它拴在桩子上。它当时的力气很小，怎么挣扎也无法挣脱。渐渐地，它就不再挣扎了。现在，虽然它的力气已经足够大，但是它已经不去尝试了。因为在它的记忆中，桩子已经成为了无法摆脱的事物。”所以不要去做孩子的差评师，你的否定和吹毛求疵，很可能就成为他们心里的一根桩子。

第二，不要把赞赏当工具。

如果我们想利用赞赏达到一个什么目的，这样的赞赏就变成了一种操控孩子的工具。赞赏不是工具，是一种爱的语言。美国著名的婚姻家庭问题专家盖瑞·查普曼博士写过一本书《爱的五种语言》，在这本书里，他介绍了在人际沟通中，人们在表达爱和接收爱时，会使用的五种爱的语言。其中一种语言就是肯定的言辞，也就是用语言表达对别人的赞赏和肯定。

赞赏作为一种爱的语言，它的前提是接纳。因此，我们在赞赏孩子的时候，传递的信息是欣赏：生命是多么的奇妙，我们的孩子是多么的独特。

赞赏是我们去发现这个世界的美善。

赞赏是让我们看到在父母爱的浇灌下，孩子的生命中长出了美善的果子。这是多么美好的事情，多么令人感恩！

我们在爱里赞赏孩子、分享美善的故事，都是在撒种。如果我们持之以恒地用赞赏表达爱，这些美善的种子就会撒进孩子的心里，时候一到，就会长出美善的果子。

但是我之前提到的那七种方式却不是在撒种，而是在拦阻撒种。美善的观念非但不能进入孩子心里，反而被你阻拦了。

要把美善的价值观放进孩子心里，我们要注意几个时期。0—6 岁，是最好的时候，我叫它钻石时期；6—12 岁，也是孩子道德发展的关键时期，我叫它黄金时期；12—18 岁，是孩子的探索与确定时期。为什么叫它探索与确定时期呢？因为在孩子 12 岁之前，无论你们的关系有多好，他都要重新探索和确认你以前传递给他的价值观。在这个时期，如果我们能够继续保持好的关系，对孩子支持得当，这些价值观最后就会变成他自己的价值观。但是，这个时期也很危险，我们有可能会毁掉以前撒的种子。

我通常鼓励家长在孩子12岁之前，要抓住机会。

传递价值观的五个步骤

第一步，通过阅读传递价值观。

大家现在都很重视亲子阅读，我鼓励家长们在亲子阅读中不要太看重知识的学习。在孩子12岁以前，家长要特别选择那些有美善价值观的故事，里面包含人际关系，包含对这个世界正确的认识，包含美善的人生观、世界观和价值观。

针对0—6岁的孩子，我们出版过一套品格故事，一共36本。故事讲的是在树墩子学校里，发生的一系列的故事。每个故事都对应一个品格。

我们知道，跟一个五六岁的孩子讲坚韧，他很难理解和明白，但是他们能听懂故事。所以，我们就有一本故事专门讲坚韧，故事的名字叫《不可思议的不不蚂蚁》。

故事讲的是：微微兔被老师批评以后，她觉得很委屈，于是就跑到骨碌碌山去了。结果她走丢了。校长赶紧组织大家去救援。善跑的哼哼龙、会飞的多多鸽、力大的安奇熊、善跳的小鹿阿美，他们都顺利地被选入了救援小分队。只有不不蚂蚁因为太小了，没能入选。

不不蚂蚁很失望，他就央求校长说：“我能找到微微兔，因为她是我的好朋友。”最后校长就同意了。

救援的过程中，他们遇到了各种各样的困难。其他小伙伴都退出了救援队，最后只有不不蚂蚁坚持了下来，他在一个山洞里找到了已经很虚弱的微微兔。

你看，很有意思的一个故事，孩子是不是一下子就明白什么是坚韧了？

第二步，让孩子去模仿。

孩子最喜欢模仿了。当你带孩子去爬山的时候，孩子可能说：“爸爸，我爬不动了，我不想爬了。”这个时候，你就可以说：“你还记得不不蚂蚁是怎么做的吗？”用故事的方式和孩子互动，让孩子去模仿故事中人物的做法。

第三步，当孩子做到了一点时，要及时鼓励。

鼓励和赞赏时要注意不要给孩子定性。定性的赞赏比如“你就是一个坚忍的人”。如果家长这样说，那么孩子下次坚持不下去想放弃时压力就会很大。

第四步，孩子做不到的时候要接纳他。

在上面爬山的例子中，如果孩子选择放弃，还是要你背，你不要批评他。我们学习这些品格的目的，不是批评，而是引导。当孩子做不到的时候，你就去拥抱他，表达你对他的爱和接纳。这点非常重要。

第五步，全家一起在爱的关系里表达赞赏。

我有两个孩子，老大现在读大三，老二正在读高中。他们小的时候，我们经常给他们讲品格故事。我们在家里也会每周开一次家庭优点轰炸会，一起点评在过去的一周中，有什么美善的品格在他们的生命中长出来。然后，我们就会把写着不同品格名称的苹果贴纸，贴在一棵品格树上（编者注：作者说的是一款贴纸，主体是一棵苹果树，贴纸部分是写着各种品格名称的苹果）。在贴之前，我们会说出孩子在哪些地方表现出了这个品格。比如，我们会说，“周末我们一起去爬山，你坚持爬到了山顶，表现出了坚韧的品格”，然后我们就会把写着坚韧的苹果贴纸，贴到品格树上。

需要提醒家长的是，如果你家有好几个孩子，千万不要为每个孩子准备一棵树，因为这样他们会去比较。你们要全家用一棵树，爸爸、妈妈、爷爷、奶奶可以一起参与。贴满一棵树，全家就一起庆祝一下。这样做最重要的目的就是让孩子感受到被肯定、被鼓励，帮助他们把行为和价值观联系起来。

在孩子 12 岁以前，你可以一直使用这个方式。

针对不同年龄段的具体做法

0—6岁，以故事为主，多肯定和表扬。我们选择那些孩子能理解的、价值观纯正的故事，不要太多太复杂。

7—12岁，借助故事和电影，和孩子一起交流和讨论。因为这个时候孩子已经可以参与讨论了。

13—18岁，陪伴孩子经历探索和确认。也许以前你已经通过赞赏，把一些品格的种子撒进孩子的心里了，但是到了青春期，孩子需要去重新探索，他要去确认“这些是对的吗？”父母要记住，在这个阶段，不要去主导，也不要去生硬地教导。你要做的就是陪伴他经历探索和确认的过程。

对于青春期的孩子，父母在传递价值观时，要记住以下几点：

（1）我们自己要尽量真实。教导孩子的事自己要尽量去做，做不到就要对孩子说：“对不起，爸爸妈妈也在成长当中。”我们不是要成为完美的榜样，因为没有人能做到完美。

（2）我们要学习不留痕迹地影响孩子，杜绝说教。这个时候说教反倒会适得其反，因为这个阶段的孩子需要自我探索，你越教导他，他越排斥。

（3）我们要“见缝插针”。当孩子想对你表达什么或跟你分享什么的时候，这就是一起分享、一起探讨、引导他的机会。当孩子失败的时候，多接纳他，他就会愿意跟你一起交流。

关于赞赏，最重要的是要明白，赞赏是一种爱，不是一种工具。我们在爱里，通过赞赏的方式，把美善的种子植入到孩子心里，用赞赏让品格的种子在孩子心里发芽，有一天这些美善的价值观就会结出果子，我们去欣赏、赞赏和感恩。

第 16 章

孩子年纪轻轻却生无可恋？极端事件频发给父母的警示

同事发给我一个知乎上的提问："某个城市的教育主管部门，因为出现孩子跳楼的极端事件，考虑要为孩子减压，于是取消了期末考试，禁止成绩公开和排名。大家怎么看？"

事实上，七八年前我就看到过一个数据：25%的孩子在 13 岁之前有过极端的伤害自己的念头。这给我们家庭、学校乃至整个社会一个警醒：出现极端事件是极少数，但心里有过类似想法的孩子却非常多。

年纪小的孩子有冲动性。通常，孩子如果承受了很大压力，情绪控制力弱，就容易冲动、失控。我们要思考的是：孩子们为什么有这么大压力？我们该如何来解决？无论是家庭还是学校，面对这些恶性极端事件都很紧张，有压力，也都在想方设法寻求解决问题。只是看起来，所用的方法收效都不大。为什么这些方法收效不大？

丛林社会 VS 爱的世界

有人强调："现在孩子缺少生命教育，我们应当告诉孩子要爱惜生命。"很多生命教育会强调生命重要，但生命为什么宝贵、神圣，并没有深入探究。

我们通常会不断训练老师和家长心理干预的能力，训练如何引导孩子。大家确实学到很多认同情绪的方法，以及让孩子把压力和情绪表达出来的方式。比如有位父亲，他的孩子有一天不想去上学，流着眼泪说："爸爸，我能不能不去学校？"这个受过训练的爸爸就说："好啊，那你能跟爸爸讲一讲，你现在有什么样的压力，感觉到什么？"他告诉孩子："如果你觉得有一点点压力，就说有一只老虎在追你；如果有很多压力，就说有两只老虎；如果你觉得有非常大的压力，就说有三只老虎在追你。"最后他的孩子说："爸爸，我觉得现在有100只老虎在追我。"这位爸爸学到了让孩子表达心理压力，但老虎从哪里来的？为什么孩子会害怕去上学，这一点没有得到深入思考。

在这种情况下，父母和老师变得特别小心，连话也不敢轻易说了。我相信，那些会在别人看不到的情况下，用言语伤害和操控孩子的人是极少数。绝大部分的父母和老师管教孩子的动机都是好的，但经过学习，就变得小心翼翼，不敢批评不敢管，甚至不敢大声跟孩子说话。到后来想管也管不了了，这到底该怎么办？大家好像还没有搞清楚到底问题出在哪，在此，我想分享个人对这个问题的一点思考：所有问题的实质在于，不论在家庭还是在学校，我们的孩子都好像被带到了丛林社会。在丛林社会，孩子被一群老虎追逐，他被教导“要么你把老虎杀死，要么你被杀死”这样的丛林生存法则。

在这样的丛林社会中，即使我们告诉他如何放松、如何沟通、如果把情绪说出来，家长会如何支持你……但这些都没有解决根本问题。根本问题就是，我们的孩子在丛林社会被训练和告知：“你要赢。只有赢才有价值，才能够生存下去。”于是，孩子内心充满压力和恐惧。

所以我想，很多孩子伤心的时候可能会有这样的绝望：“我本以为你把我带到了一个爱的世界，因为我在妈妈肚子里时，是如此温暖，如此被保护，如此被爱。当被带到世界上时，我也以为自己会被带到爱的世界，父母依然爱我、接纳我。但是哪知，等我懂事以后才发现，原来动物凶猛，原来我被带到了一个丛林社会。”

丛林社会和真正的爱的世界，是两个完全不同的世界。

首先，这两个世界中，孩子的价值感不同。在一个真爱的世界、一个孩子被接纳的世界，他会明白：“我被带到这个世界是因为我本身就有价值，世界上再也没有一个人像我，我被爱和接纳，是独一无二的生命。”但是在丛林社会（有时我也叫它“表现的世界”），这里的法则是：“你要有好的表现才有价值。你把越多的人踩在底下，才有价值。”

其次，这两个世界中，孩子的尊严感不同。孩子因为什么被尊重？在爱的世界，他因态度诚实、正直和良善被尊重，这些内在品质是每个人都可以去追求、去养成以及展现出来的；但在丛林社会，他是因为拥有什么而被尊重。他要拥有名声、地位和很多外在的东西，才被尊重。

第三，这两个世界中，人与人之间的关系不一样。在真爱的世界，人和人的关系不是敌我关系，而是彼此帮助、彼此相爱的关系，人们之间有联结。我们有不同的技能和天赋，我们彼此需要；但在丛林社会，人们彼此争斗和算计，人们之间的关系是割裂的。

人生四个必需品

我认为，孩子们的压力在于：在家庭、学校、社会，他们很容易被带进丛林社会。最后，丛林社会导致他们人生的四个必需品缺失了。

第一个需要是“归属感”。即“我是谁，我是否一直在爱的关系里面？”在丛林社会中，如果你做得好、表现好，就会被爱；如果没有好的表现，就不会被爱。“因为我怎样，我才会被爱”这样的归属感会给人们带来焦虑。

真正健康的归属感是“我被爱，按我本来的样子被爱，并且这份爱永远不会离开”。我很认同麦道卫博士的一句话：“真正的爱是一种接纳，它带给孩子归属感和安全感。无论你犯多大错误，无论你多失败。我们的爱永远不会离开。”这就是孩子的第一个需要：归属感。他需要在接纳的关系中得到归属感的满足。

我们养育幸福的孩子，必须坚持用“真爱和真管”来引领孩子。被带到真爱世界的孩子不怕考试，因为对他而言，考得不好不是失败，最大的失败是不参与，放弃自己。他知道“我考试分数不高，是因为我目前还在成长、进步中，无论名次如何，我依然有价值，依然是被爱的”。所以活在真爱世界的孩子不怕考试。至于有教育主管部门“禁止成绩公开、禁止排名”，我认为这是对的，因为每个孩子各有其特点，不适宜放入同一个标准体系来判断。

第二个需要是“意义感”。人都会有个内心疑问：“我在这个世界上有什么意义，我能不能给这个世界、给周围的人带来一些改变？”意义感就是：“因为我存在，我能带来一些积极美好的改变。”这种意义感一定要超越自我为中心。当一个人开始看到因为他的存在，他可以给别人、给周围环境带来一点美好的改变，这就会带来意义感；而一切以自我为中心的人，会觉得一切都没有意义，都很空虚，我们叫它“空心病”。

第三个需要是“成就感”。我们很多时候会强迫孩子做一些他不擅长的事情。在第九章我们提到，就像猴子会爬树，大象不能爬树，但是大象能负重。每个孩子都有自己的特点，我们要帮助他展现和发挥他的天赋。“如果大家都要爬树，那么就算我的孩子是大象，我也要把他逼得会爬树。”如果是这样，孩子很难会有成就感，他会很痛苦。

成就感的另一个获得方式是，他看到别人有需要，发现自己能够做点什么让有需要的人得到帮助。当一个人能看到别人的需要，而不是只看到自己的缺乏时，他就会看到自己的价值。

第四个需要是“愉悦感”。我们做父母的，在家庭中如果总是对孩子带着期望，却没有时间单纯地和孩子快乐相处，这会让孩子感觉枯燥、乏味、无聊。花时间陪伴孩子，多和孩子做一些快乐的事情，和孩子在亲密关系的互动中不断找到乐趣。

在丛林社会，大家都很紧张，盯着孩子的学习成绩，一旦孩子多开心一点，我们可能都会让孩子有负罪感，会催孩子去写作业、去学习。这样，孩子的愉悦感就被剥夺了。丛林社会之所以让孩子生无可恋，因为孩子所需要的归属感、意义感、成就感、愉悦感都缺失了，他觉得生活没有意思，没有什么让他开心。

父母自己先解压

那么，父母们该怎么做？

有很多声音都在教父母“你们应当这么做、应当那么做，你们应当怎样怎样……”这让他们疲于奔命，对孩子说：“如果你再这样，我就要爆了。”的确，如果对着一个气球不断吹气，总有一天气球会爆掉。而爆掉的地方一定是这个气球最薄弱的部位。

事实上，有些父母、老师，包括社会也在不断对孩子的灵魂“吹气”，即不断宣传丛林社会的法则，宣传一些谎言，比如：“如果你有很多钱，就可以什么都不用干，在海边享受人生。”但事实上，工作本身就是一件很有乐趣的事情。还有的谎言是：“如果你把别人踩在脚下，成为人上人，就一定会幸福。”事实却是“高处不胜寒”，真正的幸福绝对不是把别人踩在脚下，因为你把别人踩在下面，一定还会有人把你踩在下面。

我们不断鼓吹的丛林社会的法则不是真相，稍微有些人生经验的人，到了一定年龄回头再看，会发现很多东西都不是人生的真相。但大家使劲鼓吹，导致所有人都充满压力。作为人群中最脆弱一环的孩子，就会首先爆掉。

在丛林法则下，每个人都在承受压力。父母该做的第一件事不是去帮孩子，而是首先学会为自己减压。除了极少数一些不负责任的父母，大部分父母都兢兢业业，非常负责任。但要记住的是，父母自己也被带到了丛林的社会，我们自己也被带到了表现的世界。

为自己减压，首先要学会识别。在智慧中不断成长，识别出什么是真，什么是假，什么是理性，什么是谎言。

举个例子，我以前看过一个节目，常常采访一些成功人士，看得多了，渐渐发现了采访套路。比如先说一个男人如何如何成功，做得多么好，取得了多大贡献。讲完成就以后，为了体现主人公人性化的一面，采访者会问他："您的妻子和孩子是如何看待您的？"大概是想给"英雄"增加一些烟火气，这时，镜头会缓缓推进，主人公沉吟不语，眼泪缓缓流出："我最对不起的，就是我的孩子和妻子。"

如果我们认同为了成就，就要牺牲自己的妻子和孩子，这是非常危险的。我们的传统智慧也说一个人要"修身齐家治国平天下"，家庭排在事业之前。如果为了利益要牺牲掉亲人，连身边人都无暇关心照顾，那么我们的爱在哪里？

我做家庭工作的过程中，听过很多故事，有的人外面看起来过着富丽堂皇的生活，但背后充满眼泪，正如"有些人是安安静静地享福，有些人是热热闹闹地受苦"。其实，生活中是否幸福的首要因素是：关系。一个人是否幸福，不在于他拥有什么，不在于外在名声，而在于他是否活在爱的关系里面。和人有爱的关系是我们幸福的安全网。以上是父母为自己减压的第一个建议：不断寻求智慧的增长，过一种真实的生活，而不是追求满足别人期望的生活。

父母给自己减压的第二个建议是，有难处时开放自己，寻求帮助和支持。我们一旦把自己封闭起来，就会对身边的人漠不关心，只在乎自己，有压力时也不会去寻求帮助，而是"好汉打碎牙齿和血吞"。这也是丛林社会的标志。丛林社会让人孤独，产生隔绝。

但是在爱的世界，人和人彼此帮助。父母有压力时，要学习去寻求支持，坦承自己的软弱和需要，这非常好。最糟糕的情况是：心越来越封闭，时间久了，变得越来越刚硬，对孩子变得刚硬冷酷。

父母要给自己减压的第三个建议是，把你的焦点转移到婚姻上来。如果你是单亲家长，建议无论以前谁对谁错，都把它放下。从现在开始往前看，不断让自己成为更好的人，寻求重新开始。

如果你在婚姻生活中，一定要把目光的焦点从孩子身上挪开，把焦点放到你们夫妻的婚姻上。做家庭工作这么多年，我看到只要夫妻二人之间同心，彼此情感关系亲密，他们的家庭关系就没有过不去的坎。好的婚姻关系是我们抗压的最强大武器。夫妻二人能够手拉手彼此体恤、彼此相爱、彼此扶持，就没有熬不过去的困难。所以我鼓励大家做点什么来改善婚姻，让自己有更好的夫妻关系。

走出丛林社会，进入真爱世界

父母们要把孩子带到爱的世界里来。让学校、社会变成充满真爱的世界，这是我们的美好理想，未必会变成现实。生活中，真爱世界和丛林社会的人们共居同一片天空下，经验丰富的人，能看出哪些人正在爱的世界里被滋养着，哪些人是被丛林社会法则所教导。

在真爱世界里的人和在丛林社会中的人动力不一样。前者不断追求卓越的动力，在于“我是被爱的，我有安全感”，是爱激励着他。他渴望把自己的天赋尽力展现出来。他觉得，如果我是一朵花，我就要开得最鲜艳，好让人们看到生命是多么美丽！但后者的动力是用天赋击倒别人。

在真爱世界里的人之所以全力以赴、追求卓越，还可能是因为看到别人的需要。我有位同事的女儿申请一所美国大学，我问她想读什么专业，她说想读精神科，以后当精神科医师。我问她为什么，她说因为看到一些受精神疾病困扰的人，为他们难过，很想帮他们，所以她想要尽全力成为一名好的精神科医生，帮助他们解除痛苦。她的动力不来自于想要一个高薪职业和社会地位，而是为了解决别人的需要和痛苦。当她这样去努力把工作做得卓越，又怎么需要担心薪水？

在真爱世界和丛林社会中，孩子看对手也不一样。一个真爱世界里的孩子，会为有一个对手感到高兴。因为他认为有机会在竞争中超越自己，把最好的一面激发出来。有位高中篮球教练，他做教练，问自己的第一个问题是：我带这个篮球队的目的是什么？他说：“我要训练这些篮球队员在竞争拼搏中激发自己的潜力，追求卓越，磨炼品格，这是我的第一目的。”正因为如此，我们要尊重对手并感谢他们。

在丛林社会，对手是敌人。只有把对手干掉，自己才有价值。要么干掉别人，要么被别人干掉。这样的人心里充满恐惧，有一天，当他发现快被别人干掉时，可能就会发生一些极端的事情。

所以父母首先要做的，就是把孩子带到真爱世界。要留心观察，我们正在说什么、做什么，可以如何把孩子带入真爱世界，而不是带到丛林社会。在真爱世界的孩子会有真正的动力，他心里燃烧的热情是被爱驱动，因此烧而不毁，一直燃烧。他们会尊重对手，做什么事情都会光明正大地去尽力拼搏；他们更看重过程而不是结果。如果当别人把孩子往表现的丛林社会引导时，父母要用爱不断坚固他，让他知道爱，并且愿意待在爱的世界，他的归属感、意义感、成就感和愉悦感就都可以被满足。

假爱 VS 真爱

那么，到底真爱世界是什么样的？什么是真爱？要了解真爱，我们先来看看什么是假爱。

假爱的第一个动机是：交换。“因为你怎样怎样，所以我爱你”，这就是让孩子用表现来交换你的爱。这个不是真爱。

假爱的第二个动机是：责任。有些家长说：“我不得不去爱，谁叫我是他的父亲，谁叫我是他的母亲，我不得不去负责。”我还听过父母说：“我自己都不想活了，就是因为还有孩子。这份责任我放不下，才继续活着。”我听了很难过，告诉他，责任固然重要，但这也不是真爱，因为责任感而苦苦地付出，当有一天责任太重，父母自己会崩溃掉。

真爱是：你自己先活在爱里面，深深被爱着，然后慷慨地把你领受的爱给孩子。不管他表现如何，就是爱他，按照他的需要爱他、帮助他。这种爱是单向流入，不需要孩子赚取或回报。

当孩子表现很差，犯了错误，很失败，我们内心没有愤怒，而是有一种父母的怜悯心肠。这就是真爱的标志。

第 17 章

如何通过赞赏规范孩子的言行举止

孩子在成长过程中，不可避免地会受到同伴的影响，特别是到了青春期，同伴的影响会超过父母的影响。有时候，周围的同学会说脏话，孩子会觉得如果不跟大家一样，显得很另类。在这种同伴压力下，他们就会去模仿。作为家长，我们要如何帮助孩子言语得当呢？

通常，孩子在语言上的不当行为有三种情况：第一种是故意讲脏话，有时把脏话当成口头禅；第二种是喜欢冷嘲热讽；还有一种是语言暴力。

现在青少年上网，不仅会遇到色情暴力等不良内容，还可能遭遇言语霸凌，特别是在社交媒体上。我们父母要知道，孩子们在一起的时候，如果没有成年人监督，他们的言语会很难听，他们会使用霸凌式的语言，会对别人冷嘲热讽，有的时候甚至会辱骂别人。

首先，父母要注意引导孩子上网。我们不仅要防止不好的网络语言对孩子的影响，还要注意引导孩子正确对待暴力语言，尤其是在一些社交媒体上。

第二，孩子会从环境中无意间学会轻蔑的态度。我们看一些新闻、电影、周围的人时，你会注意到有些人斜视别人，这种眼神传递出一种轻蔑的态度，孩子很容易就学会了。

无论是言语还是行为，都是从心里发出来的。比如，脏话、嘲讽、辱骂，看不起人的眼神、表情、姿势，它们之所以出现，深层次的原因是因为人们心里没有对别人的尊重，就会在外在的言语和行为上表现出来。

我们怎样才能训练孩子的心，让他们学会尊重别人呢？

第一，父母成为孩子的榜样。

孩子受父母的影响最深，所以，我们做父母的要自我省察：我们自己有没有一些不好的说话习惯？我们在家庭中，不管是语言上，还是行为上，对配偶和孩子有没有表现出轻视的态度？我们会不会在提到别人的时候，不经意地说一些脏话？

在根基 MCS 家庭教育课程里，专门讲到如何尊重孩子。比如，我们要尊重孩子的物品所有权，如果要用孩子的东西，不能轻易地说："拿过来，我要用。"而要说："我可以用一下你的东西吗？"如果孩子找我们谈事情，我们一定要学会放下手上的事，身体转向他，眼神看着他，表达对孩子的尊重。

夫妻之间也是这样。常常有人觉得，反正我们俩关系很好，不用在意是否尊重。我有一个导师，他的第一任妻子是中国台湾人。后来在他中年时妻子因病去世，他又娶了一个意大利的妻子。他讲婚姻课程的时候，经常会提到这两个妻子。他非常怀念第一个妻子，因为在他人生最辛苦的时候，是两人携手走过的。有一次，他讲到两个妻子的不同：第一个妻子，出门的时候，都是穿最漂亮的衣服；而第二个妻子，则是在他要下班回家的时候，化妆打扮。这就是东西方文化的不同。我讲这个例子，是想说无论在什么样的文化里，我们都需要尊重。

丈夫要在家里尊重妻子，妻子也要尊重丈夫，夫妻一起给孩子做示范。比如，父亲有时要提醒孩子："你看看妈妈对爸爸多么尊重，爸爸在说话的时候，她是那样安静地倾听。"妈妈也可以提醒孩子："你看你爸对我多尊重，爸爸那天下班累得要死，当我想跟他谈点事情的时候，他马上把身体转过来，专注地听我说话。我真的非常欣赏他对我的尊重。"

就是这样，父母在家里向孩子示范尊重。同时，父母平时可以告诉孩子你的爸爸是怎么尊重妈妈，妈妈多么尊重爸爸。

第二，我们要善于利用周围的人和事来学习尊重。

即使是和孩子在外就餐或看电影，我们也可以帮助孩子学习尊重。比如，在餐厅，我们会看男人很绅士地把椅子拉开，让女士先坐。你就可以赞叹："这真是一个很绅士的举动。"我还有一位导师，他们夫妇给我留下最深的印象就是：他们俩过马路时，丈夫会特别把妻子护在怀里，保护着妻子走过去。

尊重无处不在。有一次，我到一个餐厅吃饭。餐盘上放着一张纸，上面写着：对你好，但是对服务员不好的人，你不要和他同座。所以我跟别人一起吃饭时，我都会提醒自己：我要好好地对待服务员和周围的人，否则人家以后不会跟我一起吃饭的。

后来，我向这家餐厅的经理表达了我的欣赏之情，“你们这句话说得很好，今天也给我上了一课。你们怎么会想到这样一句话呢？”他说：“我自己开餐厅很多年，我发现，凡是吃饭时对朋友很好，但转过身就对服务员呼来喝去的人，通常都不能深交。因为他们基本上都是势利眼，跟他有关系的人，他才会客气，凡是跟他没有关系的，他就不客气。这种人有一颗骄狂的心，迟早会失败。”我赞叹：“你好有智慧！”他说的这番话，与犹太人的箴言书里写的不谋而合：“骄傲在败坏以先，狂心在跌倒之前。”

第三，当我们看到一些不好的行为时，和孩子一起讨论。

我们看到有人说脏话或者用眼神表达对他人的轻视时，这也是一个教导孩子的机会。我们可以跟孩子讨论：你觉得这样做好不好？你觉得他为什么要斜着眼睛看别人？我们有的人居然会说这样斜眼看人很犀利，这真的很可笑。为什么这样不好？

我们要告诉孩子：每个人都是独一无二的，每个人都非常宝贵。你想要别人怎样对你，你就要怎样对别人。你愿不愿意被别人看不起？愿不愿意被人斜视？我们都不愿意，所以我们也不要这样对别人。

同样，如果孩子的同学说脏话，我们也要跟孩子交流讨论，让他知道为什么这样做会伤害别人，言语是怎样伤害别人的，为什么会让别人有被冒犯的感觉。

第四，当孩子言语或行为不当时，去温和地引导。

如果孩子说脏话，对你不礼貌，轻视你，你怎么办？我们首先要看看他是有意的还是无意的。如果他是因为觉得好玩儿，跟别人糊里糊涂地学会的，不知道这样做会给别人带来伤害，那么你就要告诉他，这样做会给别人带来被轻视的感觉，一点都不好玩儿，也不礼貌。

如果他是从心底里蔑视别人，你就要跟他好好谈谈。你们一起坐下来，不只是告诉他不应该这样说话，更要了解他为什么看不起别人，轻视别人。我们要很小心，不要在情绪上反应过度。我们要依然平静、温和地和他一起讨论。如果他是有意的，你就要设立界限：“我不希望再听到这样的词语了。”如果他再说这样的脏话，你就给他设定一个后果。这个后果要让他痛苦，比如，让他失去一些喜爱的东西，这样能帮助我们的孩子从心里重新认识尊重。

最后，要常常通过描述性的赞赏，来肯定孩子的言语和行为，还要赞赏他在品格上的成长。

描述性的赞赏就是帮我们定位，让他知道这个事情这个话是好的。比如，如果孩子有一天说："妈妈，你做的这个菜特别好吃。"那么你可以夸张一点，放下筷子，说："再说一遍，妈妈特别爱听。"

他说完后，再赞赏他："当你夸妈妈做的菜好吃的时候，妈妈心里感到特别被爱、被肯定和被尊重。我也看到在你心里，尊重的品格正在生根发芽，并且通过你的言语表达了出来，妈妈真为你高兴。"

在生活当中，有各种各样的机会可以赞赏孩子。比如，孩子在电梯间主动帮助周围人的时候，我们就可以肯定和赞赏他。我们这样做，可以帮助孩子从小知道哪些词是好词，哪些是可以鼓励别人的词语。

当别人跟孩子说话时，孩子能够专注地看着对方，这些细节我们都可以告诉他："你知道吗？刚才你跟阿姨聊天的时候，我注意到你非常专注地看着她，你这样尊重别人真的让我很高兴。"

像这样，我们用描述性的赞赏不断去肯定孩子，不断地训练他们，让他们发自内心地尊重别人，使用文明的语言，不去贬低别人；行为得体，不去冒犯和轻视别人。

我们要利用一切机会教导孩子尊重别人。在高铁上看到一位很有礼貌的人时，你可以让孩子去观察，那个人都做了什么，他是怎么做的。当看到一些不好的行为时，比如，有人高声叫骂，不妨和孩子一起讨论：他们是如何贬低别人的？告诉孩子，当我们去贬低别人的时候，我们其实也成了一样的人。

有一些家长会问，这样一个心里美善、言行得体的孩子，会得到什么好处呢？我想，重点不是得到什么好处，而是当我们这样做的时候，你就给这个世界贡献了一道美丽的风景——一个内心美善、举止彬彬有礼的孩子。我们一起来努力好吗？这样的孩子越多，我们的社会就会越美好。

5

养育法则四：经营亲密婚姻

无论在山村还是在城市，无论你的身份、地位如何，你都可以为孩子预备一个最好的成长环境，那就是一所“爱的学校”。这所“学校”不需要花太多钱，“学校”里有两位老师——爸爸和妈妈。

第 18 章

为孩子建一所“爱的学校”

什么是孩子最好的成长环境？听到这个话题，是否会感到焦虑？钱不够怎么办？在小城市生活怎么办？不着急，让我来慢慢告诉你。

我有个朋友，住在高档别墅区，给人做私教。他不是办班，而是送老师上门，给这些别墅区里的孩子上课。这些孩子的父母，有一些是明星，家庭条件特别好。但是这并不是我所说的最好的成长环境。

什么是真正的给孩子最好的成长环境呢？

我认为，无论在山村还是在城市，无论你的身份、地位如何，你都可以为孩子预备一个最好的成长环境，那就是一所“爱的学校”。这所“学校”不需要花太多钱，学校里只有两位老师——爸爸和妈妈。

我们观察过很多家庭，我发现，那些品行好、能充分发挥天赋、拥有一颗受教的心、愿意接受挑战并不断成长的孩子，他们都上过这所“爱的学校”，他们的老师就是爸爸和妈妈。

在这所“爱的学校”里，有七堂课。当孩子上完这七堂课，从这所学校毕业以后，无论他到哪里，都会与众不同。

第一课：爸爸妈妈彼此相爱，不以孩子为中心。

有一次，美国家喻户晓的教育专家麦道卫博士来北京，我们夫妻俩带着儿子一起去和他吃饭。吃完时，麦道卫博士把我拉到一边，对我说：“你们需要改变。”我问为什么。他说，吃饭的时候，你们夫妻俩把注意力都放在了孩子身上，不断地给孩子夹菜，但是，你们之间却几乎没有交流。这样下去，你们的婚姻会出问题。

他的话提醒了我。后来，我和妻子在婚姻关系中不断地成长。我们发现，当夫妻能够彼此相爱，家里就会充满和平安宁的气氛。

当我去朋友家做客，如果他们的夫妻关系不好，虽然表面上会对我很客气，但是我还是能感受到不和谐的气氛。我的一位导师曾告诉我，夫妻关系不好的家庭，连家里的狗都爱对人叫。因为两人关系不好，他们就会拿狗出气，结果狗就对着人叫。

在家庭中，孩子会观察父母是如何相处的。他们会注意到爸爸是如何体贴妈妈，妈妈又是如何爱爸爸的。

如果夫妻能够学会彼此相爱，孩子就会意识到，他不是这个家的中心，这样可以帮助他脱离自我中心。有些孩子为什么会目中无人？一看就知道是在家中被照顾惯了。一有什么需要，马上满足；一有一点好的表现，就马上鼓掌。孩子习惯了全家都围着他转。在这种环境下，他就会变得自我中心、目中无人。

第二课：由爸爸担任老师，示范如何在家中做领袖。

在家庭中，有一个人要为家庭负责，爸爸就是这个要负责的人。爸爸需要勇敢地承担起这个家庭的责任，让妻子开心，让孩子有安全感。我鼓励爸爸们，要让儿女们看到，你不会逃避责任，你在家中是“王”，这个家庭是你的“国家”，你要承诺永远不会离开自己的“国民”和“国土”，不要放弃你的“权力”。

这个爸爸要如何做领袖呢？他要做一个仆人式、服务式的领袖。他的权威，不是通过强迫和欺骗的方式建立起来的。而是通过爱来建立的。他要照顾妻子、保护孩子，让妻子发自内心地敬重丈夫，让孩子从心底顺服父亲。因此，爸爸们要常常反省，自己给妻子的爱够不够，给孩子的陪伴和帮助够不够。

这样，爸爸就在家庭中给孩子示范了什么是真正的领导者。我们不做暴君爸爸，而要做仆人式的领袖。

第三课：妈妈给孩子示范，如何敬重丈夫、顺服丈夫。

在此，我特别强调，在家庭中，男女绝对是平等的。我甚至鼓励男人们要将自己的姿态放低一些。作为妻子，你要让孩子看到，你的温柔、你的顺服、你对丈夫的敬重和追随。不要让孩子看到，你如何地看不起丈夫，你如何在背后说丈夫的坏话。如果这样，孩子就不会懂得敬重自己的父亲。

第四课：爸爸妈妈要让孩子看到充满爱的、欢乐的生活场景，而不是充满焦虑不安的画面。

父母要让孩子看见，在压力中，父母是如何面对挑战和压力的。即使身处压力的环境，你们的生活中依然有欢乐，你们依然保持幽默。

当你们一起外出时，让孩子看见你们爱的小举动，让他们看到你们在享受爱、享受生活。夫妻间要常常拥抱。也让孩子来表达爱，让家庭在爱的氛围中其乐融融。

第五课：爱并不意味着没有原则。爱包含着坚守道德的勇气，有原则的爱才能打动孩子的心。

要让孩子看到你们是如何诚实相待，不要让孩子觉得你们不诚实。比如，有人会对孩子说，这件事，千万别让你爸或你妈知道；或者夫妻俩一起合谋欺骗外人，这些都是不诚实的表现。

另外，还要让孩子看到你们的正直和善良。你们要有坚持道德原则的勇气，这会使孩子对你们更加尊重。

第六课：让孩子看到，你们夫妻是如何通过工作参与社会服务。

如果父母不认真工作，对社会没有任何的责任感，一天到晚只是围着家庭转，我从来没有看到过这种家庭，能够养出大气、有责任感的孩子。当然我也不认同父母整天为了工作不回家，这样的父母，跟孩子无法建立起亲密的关系，没有尽到父母应尽的责任。

在这所“爱的学校”，夫妻中至少要有一个人去劳作，通过工作为别人带来益处，同时又有足够的收入供应家庭需要。在这所“爱的学校”，孩子看到的是，我们通过工作为社会做出贡献。在这样的家庭中，孩子才能成长为有朝气、有责任感的成年人。

第七课：无论你们什么年龄，都请把婚姻放在首要位置。

不管你们的孩子就在身边，还是孩子已经离开你们，去外地读书或工作，你们都要好好地经营婚姻。让孩子们看到，你们那么老，关系还那么好。哪怕已经白发苍苍，依然彼此相爱，彼此支持。

如果你是单亲爸爸或单亲妈妈，听到这所“爱的学校”时，可能会感到有压力。我想告诉你，单亲家庭依然可以培育出非常优秀的孩子。我曾看到过很多美好的见证，在那些单亲家庭里，单亲父母尽心养育孩子，与孩子建立好的关系，又用正确的态度面对曾经失败的婚姻。

在此，我要给单亲家庭一些小建议：

第一，过去的事情，把它放下。不管是你的错，还是对方的错，都需要放下。如果是对方的错，那你根本无须怀恨在心，而要开始往前看；如果是自己的错，那就学会原谅自己，告诉自己，这个世上没有一个完美的人，谁没有过错呢？要学会：忘掉背后，努力面前。

第二，好好爱自己、照顾自己。你需要为自己的生活重新注入意义，而不是把生活的重心完全放在孩子身上。否则，你会训练出自我中心、没有责任感的孩子，也会给孩子心里增加很重的负担，认为父母离婚，是自己造成的。在照顾好自己的基础上，去爱孩子，训练孩子，帮助孩子成长为有责任感的人。

你应该找到自己生活的使命，重新让自己成为更好的人。如果再次遇到合适的人，就重新开始，从过去的错误中学习如何智慧地经营婚姻。

给孩子最好的成长环境，就是把你的家变成一所“爱的学校”。

第 19 章

用“六 A”原则重建亲密婚姻

婚姻是一件很神秘的事情。想想两个完全陌生的人，因为婚姻的结合，最后关系好得像一个人，这是一件多么神奇的事情。

现在有很多人，虽然相互吸引，却不会走向婚姻。他们称呼彼此为“partner”，即伙伴，我们不结婚，但我们在一起生活。

结婚是为了什么？难道仅仅是为了解决孤独问题？仅仅为了繁衍后代？仅仅为了搭伙过日子？仅仅是因为两情相悦？

在 MCS 理念中，我们认为婚姻至少有三个目标。

目标一：使命（M）

一对完全陌生的男女，当他们进入婚姻时，他们的目标是要活得像一个人：两个人完全彼此敞开交流，没有任何的隐瞒。一切都不再是“我的”，而是“我们的”：我们的父母、我们的儿女、我们的时间、我们的财富。

婚姻要成为爱的见证。我们要在这个世界上做一个见证，让人们看到这个世界上还有真爱。这不是激情之爱，因为激情会过去；但真爱不会改变。它让两个人越来越亲密。

目标二：品格（C）

婚姻让彼此的品格不断提升。一对夫妻，如果结婚时间很长，可是对方却一直没有变化，在品格上也没有进步，没有变得越来越美善，那么，他们一定会对婚姻感到厌倦。

如果婚姻让男人变得越来越“油腻”，女人变得越来越失去活力，那么它自然失去了应有的吸引力。

美好的婚姻，会让我们彼此都变得更有智慧、更加仁慈、更宽厚、更丰富、更幽默。不仅自己的品格提升了，我们也要帮助对方在品格上成长。

两个不完美的人，如何才能做到这些呢？就是要去成为一个建造者，帮助对方成长。对方变得越来越美善，于是越来越吸引你。如果我们的配偶，越来越真实、善良、美好，我们就会更爱他。这样，两个人就会不断地成长。

检验一个婚姻是否美好，就看两个人的关系是否像一个人一样；另外，就是看两个人是否都在婚姻中不断成长，不断更新而变化。

目标三：服务（S）

我们可以通过很多方式去服务身边的人。比如：夫妻两人一起来孝顺老人，养育下一代；对待孩子，不是用强权的方式，而是发现他们的需要，去服务他们；通过我们的工作，让别人获得益处；一起去服务社区和社会。

婚姻如何才能达成这三个目标呢？

要素一：接纳

夫妻中如果有一个人愿意先开始，那么他/她就是愿意成长的那个人。另一个人不愿意，怎么办？很简单，请你把他当作一个孩子。你要学习去吸引和鼓励他，跟你一起走。

强迫是没有用的。无论是男人还是女人，都需要吸引他的心，如果不能吸引他的心，天天用强迫的方式，是没有用的。我们如何在婚姻中带领对方成长？我建议大家使用“六 A”的原则，帮助配偶成长。

无论是内在，还是外在，你都要先让自己成长起来，让自己变得又美又善。这是我们的责任。如果你因为对方不配合很生气，那么你要分清楚：这是谁的问题？

举个例子：你的丈夫一天到晚打游戏，你很生气。你要弄清楚，他打游戏、对生活不负责，这是他的问题。但是生气是你的问题。大家一定要明白这一点。你需要处理自己的情绪。你有两种处理方式：一是丈夫改变，但是如果丈夫不改变呢？你是不是要一直生气下去？另一种方式，就是我决定不用生气的方式，在生活中，我找到自己的盼望，我不会让他来决定我的生活。这就是学习成熟的界限。

当我们能够先处理好自己的问题，不被别人控制自己的生活时，你可以学习“六 A”，做一个建造者。

你需要接纳他。接纳并不是认同错误的行为，也不是意味着善恶不分。我鼓励你不要轻易地放弃这段婚姻。无论对方多么不配合你，你都要尽量跟对方保持关系。有人可能会嘲笑你的配偶，你在心里要认定：虽然他有很多不好的地方，但他是我的丈夫。不要轻易地放弃这段关系。

很可惜的是，现在很多人一言不合，就选择一拍两散。很多问题，不是换一个人就能解决的。我曾遇到过一对夫妻，妻子说丈夫如何不顾家。丈夫说：“以前我确实挺爱妻子的，但现在，我确实不爱她了。既然这样，为什么我们不可以分开呢？我们去寻找各自的幸福。”

我听了后，说：“应该换！”妻子听了，眼泪都快掉下来了。

我接着说：“应该换的是你！”如果你没有成长和改变，换了一个人，也会遇到一样的问题。

很多婚姻问题，都是因为一些生活细节，而不是严重的问题，像家暴、出轨之类的。我鼓励大家在三心二意的世界，过一心一意的生活。

要素二：赞赏

多赞赏对方的优点。在婚姻中，我们头上像插了根天线，总是接收负面的信息。现在请你改变，用你的天线去接收正面的信息。

我鼓励你，把这些点滴正面的信息都记下来。如果心中充满感恩，即使生活中有一些小摩擦，也很容易消化掉。相反，如果你一天到晚总是想着对方的不好，你看对方就会越来越不顺眼。

我们要去多关注配偶的优点，标注出来，表达出来，越赞赏，他会越成长。

要素三：关爱

在婚姻中，我们可以有针对性地去沟通，问问对方：当我做什么的时候，你会感受到被爱？

爱有五种语言：肯定的言辞、礼物、身体接触、服务和精心时刻。问问对方，这五种方式，哪一种让你感受到被爱？找到对方接收爱的方式，不断用他的爱语去存款。

婚姻就是点点滴滴的存款。一个筋疲力尽的妈妈，加了一天的班，如果丈夫能在门口放好拖鞋，或者写一个温暖的纸条，又或者准备好吃的东西，都会让妻子感受到被爱。妻子也是一样。

要素四：时间

对很多人来说，时间是一个问题。因为大家都很忙，给彼此的时间都太少。我要跟大家说一下次序。家庭优先于工作。在家庭中，婚姻要优先于亲子关系。

要素五：责任

婚姻中，夫妻双方都是有界限的。夫妻要常协商一些界限。如果你已经很累了，就要去寻求帮助，让对方知道，不要苦苦地忍着。

在家庭中，男女都要承担相应的责任。有时候，夫妻结婚久了，会形成默契。比如，我们家有个惯例，就是周日下午大扫除。擦地是我的工作，擦拭是妻子的工作。

在界限之外，我们要给对方温柔的爱。有时候，对方不舒服或者压力大，你要替他多做一点。有时候，本来应该我做饭，但是我心情不好，妻子就会帮我去做饭。

如果没有界限，体现不出爱；有了界限，我们就会感受到对方的爱。

要素六：权威

我有一个好朋友，也是我们夫妻的一个好朋友。他在微信里发了一篇文章《做好丈夫的33条规则和做好妻子的33条规则》。我就给他回复："做好丈夫的一条规则：顺服真理；做好妻子的一条规则：顺服丈夫。"

如果男人顺服真理，妻子顺服丈夫，儿女顺服父母，这个家的秩序就理顺了。我们需要记住，如果妻子不顺服丈夫，丈夫要检讨自己：你够不够爱她？你为她付出的够不够？而不是强迫她来顺服你。只有这样，你才能赢得妻子的心，让她心甘情愿地顺服你。

我在处理自己的婚姻关系时，经常使用这些原则。我的妻子也很爱学习。虽然已经结婚26年，我们依然在成长当中。我们依然渴望可以活出合一的关系。我们想要证明，这个世界上有一份真爱，可以把两个有问题、不完美的人，变为一体。

第 20 章

有一种爱让人泪目

有很多的电影、小说和新闻，会触发我们的情感，让我们感动落泪。这些让我们感动的故事，有着一个共同的叙事模式。当你掌握了这个模式以后，你也可以写出一个感人的故事；而如果你按照这样的模式去生活，你的生活就会成为一个动人的故事。

当你了解了这个模式，以后再去看电影、读小说或者看新闻，你就知道为什么你会被触动了。我想借着三个小故事，来跟大家一起分享是什么在打动你。

第一个故事：永不止息的思念

十多年前的一个周六，我在办公室里看到了一个故事。这个故事让我泪流满面，特别难忘。

这个故事发生在青海一个叫湟源的地方，主人公叫柏大卫，他的父亲叫柏丽美。柏大卫一岁的时候被父亲带到湟源，他父亲在那里建立了一家小小的医院，柏大卫就在湟源一直生活到

18岁。柏大卫18岁时，正是20世纪40年代末，柏大卫先后到了香港、台湾，最后去了美国。回到美国后，柏大卫非常思念他在湟源的朋友，但由于当时的历史原因，他一直无法再回中国看望他的朋友们。

柏大卫那时能说一口非常流利的湟源话，但他害怕一年年过去，自己会忘掉湟源话。因为他的父亲去世了，他生活的圈子里没有一个人能说湟源话。为了防止自己忘记湟源话，他做了一件什么事呢？他用录音机录下自己说的湟源话。他把生活中每一天做的事情口述下来，录下来，再不断地听，以此保留自己说湟源话的能力。

岁月一年年过去，他自己也成了老人。到了1987年，他终于有机会回到湟源，看望他那些小时候一起长大的朋友，当然那时都已经是老年人了。

他到了湟源，一见到他的那些老伙伴，一口流利的湟源话就脱口而出。

看到这里，我的眼泪就止不住地流下来了。这个故事为什么会打动我呢？因为在这个故事里，我看到了永不止息的爱、永不止息的思念。在爱里，关系永远不会中断。时空也无法隔绝柏大卫对湟源的爱。因为这份爱，他尽一切可能，把语言保存下来。这份爱在他心中绵延不绝。

这个故事还有下文。柏大卫后来常常回到湟源，他给当地的医院捐赠了很多医疗设备，改善了当地的医疗环境。2002年

9 月，柏大卫被青海省授予了“青海省荣誉公民”称号。

当我们在生活中经历这种永不放弃的爱、永不断绝的关系时，我们就会被深深地打动。所以这就是感人故事的第一个要素：永不止息的爱和永不断绝的关系。

第二个故事：舍己与牺牲

我童年时期听过一个故事，直到今天，它一直影响着我。

古时候，有一个民族，他们生活的地方，三面被森林包围，一面是草原。有一天，敌人来了，他们只得逃进森林。

森林里，树枝密密麻麻地交织在一起，阳光根本无法照进来，而且四处都是沼泽。族人们接二连三地死去。唯一的出路，就是走出森林。

于是，大家推举丹柯做首领，带领族人们朝森林深处走去。森林中被黑暗笼罩着，危险无处不在。族人们开始抱怨，他们说丹柯不配做他们的领袖，还想要杀死丹柯。

面对愤怒的族人，丹柯起初充满了怨恨，继而产生了怜悯之心，他知道，如果没有他，族人们可能都会死在森林里。

于是，他做出了一个惊人的举动：他撕开衣服，掏出自己的心来。他把心举过头顶，那颗心燃烧得像太阳一样明亮，森林被这颗爱的火炬照得透亮。最终，族人们在丹柯的带领下，走出了森林。

丹柯望着眼前广袤的草原、自由的土地，他笑了。随后，他轰然倒地，死了。

童年时期，我在《小喇叭》节目里听到这个故事，一直无法忘记。后来我才明白，这个故事之所以打动我，是因为它关乎牺牲，关乎舍己，关乎为了光明，为了其他人的益处，付出自己生命的代价。

所以，打动人心的第二个要素就是：舍己和牺牲。

第三个故事：传递爱

我的妻子和女儿去看了电影《小妇人》，这部电影改编自同名小说。

《小妇人》的故事发生在美国内战时期，那时社会经济不景气，人们生活非常穷困。所以，马奇太太全家都对家里那一顿“丰盛”的早餐充满期待。

有一天，马奇太太外出时，看到邻居正带着孩子，饥肠辘辘，没有吃的，并且还在生病。所以，马奇太太回来的时候就跟孩子们说：“邻舍很需要食物，你们愿意把早餐送过去吗？”虽然孩子们都盼望着这顿丰盛的早餐，但是她们还是非常顺服地、心甘情愿地把早餐端去邻居家。结果，在她们送早餐的时候，另一个邻居看到了。这个邻居是一个有钱人，她就预备了一顿更丰盛的早餐送到马奇太太的家里，因为马奇太太家人的爱激发出了她的爱。看到这里的时候，我的心被深深地打动。

打动人心的第三个要素就是：爱心得以传递，爱心点燃更大的爱心。于是，爱变得越来越丰盈。

通过这三个故事，我们看到：如果一个故事里有永不止息的爱、永不断绝的关系，有牺牲，有爱的流动，我们的心就会被感动。这个世界上发生的所有最感人的故事，其实都跟这三个因素有关系。这三个因素放在一起，就成了一个叙事的范式。

一个感人的故事，通常最开始有一段彼此相爱的美好关系。接着，这段关系被破坏，有的人会因为某些原因经历迷失或者离开这段关系。然后他开始思念从前的美好，并付上代价去修复关系。最后，关系被修复，人们进入更丰盈的爱里，进入一个更亲密、更美好的关系中。

大家明白这个叙事的模式了吗？一共有四步：美好的关系，相爱的关系；关系被破坏，人们迷失；寻找并负上代价；最后进入更丰盛、更亲密的关系里。

很多感人的电影和小说都会在叙事中穿插这些因素。编剧们知道这个秘密，导演知道这个秘密，那些感动人心的绘本作者也知道这个秘密。

你看过绘本《爱心树》吗？这就是一个永不止息的关系的故事。这棵树永远都爱着这个人，这个人从孩提时代一直到老年，这棵树永远都在为他付出。但是按照我们上面说的叙事范式，《爱心树》还缺少一点，就是最后并没有进入到一个完美的或者说一个更丰盈、更荣美的关系里去。

当明白这个范式后，我们作为父母，就可以思考：如何能把这样一个叙事范式运用到我们的家庭关系里？

一个故事如果能够具备这四个要素，它一定会成为这个世界上最感人的故事、最有影响力的故事。

我就想到一个集合了这几个因素的故事：有一个大户人家，家中有一个父亲和两个儿子，他们美好地生活在一起。但是小儿子突然出了问题，他的心被外界吸引了。他要求分割家产，然后拿着自己分到的一份离开了家。

很快，他就把财产挥霍一空。在他痛苦万分、走投无路的时候，他回家了。从他离家的那天起，他的父亲就天天站在村口守望，等着他回来。

他回家后，父亲拥抱他，给他披上袍子，戴上戒指，他又恢复了从前尊贵的儿子的身份。但他自己觉得很不好意思，就对父亲说，以后我给你做仆人，不做你的儿子了。父亲说，不，你就是我的儿子。故事到这里，一个丰盈的、荣美的关系恢复了。

就是这么一个故事，打动了很多人的心。

可能有人会问："牺牲在哪里？代价在哪里？舍己在哪里？"这个故事打动人心的原因，是因为讲故事的这个人，他确确实实就是那个寻找离家出走之人，并把命付上的人。

我们会发现，当这些因素组合在一起的时候，这个故事就会成为世界上最有力量、最能够改变人心的故事。

我们要明白：跟孩子在一起时，如果想改变孩子的心，让孩子心甘情愿地顺服父母，我们就要去活出这样的爱——第一，向孩子表达永不止息的爱，告诉孩子，无论他犯了多大的错误，多么地失败，我们的爱永远不离开；第二，当孩子犯了错误，甚至你要付上财产、名声等很大的代价时，你依然愿意去爱他。如果孩子的心变了，他变得像浪子，变得像愚妄人，甚至有时候像一头野兽，你也要把他的心唤回来，因为他是你的孩子。永远不要离开他，不要放弃他，你唯一能够做的就是付上代价唤回他，让他的心一点一点地融化。

付上代价就要带着盼望，盼望将会有一个更深刻的、更亲密的关系出现在你们的生命中。也许过了一段时间，你就能尝到浪子回家的美好果实；也许你不知道要花多少时间，但一定要带着盼望。

如果我们做父母的想要孩子心甘情愿地顺服我们，心甘情愿地听我们的话，心甘情愿地跟随我们，往 MCS 方向成长，我们要做的就是让我们自己能够给出这样的爱，这是很大的挑战。

我们与孩子关系的第一个要点就是：永不止息的爱环绕着你，只要你是我的孩子，无论如何，这个关系不会失去；第二个要点，当孩子不懂事的时候，当孩子叛逆的时候，当孩子简直不可理喻的时候（我碰到过很多这样的案例，有的孩子完全沉迷于游戏，还有的孩子给父母写满了诅咒的话），如果你揍他骂他，你改变不了他的心，只会让他的心离你越来越远，最后你的家就不再在关系里，你的孩子最后和你的关系就会像仇人一样，你要做的是改变他的心，那就要为他付上代价，去爱他。

想想我们自己有没有不懂事过，疯狂过？我们有没有尝过这种永不放弃的爱？就是为我们付上代价把我们找回来的爱。如果我们尝过这种爱，如果我们也曾失丧被寻回，我们就会有力量有能力同样把这种爱给出去，带着盼望和期待去寻找不懂事的孩子，收获更深刻的爱和更美好的关系。

我鼓励大家把自己的生活也变成这样叙事范式的故事，让你所在的家庭拥有这样的故事：有永不止息、永不断绝的爱，为了关系可以付上代价的爱，经历重新和好。在这样的见证中，我们一边流泪，一边感恩，一边赞美。这是我们人生最美好的时刻。

6

养育法则五：祝福在时光里

对父母来说，无论孩子在哪个年龄阶段，最重要的是永不改变地接纳他们，爱他们，带着信心等候他们。

无论需要多少年，你付出的爱绝对不会浪费，就像雨水从天而降滋润大地，会给花草带来滋养，时候一到，小草就会从土里钻出来，花就要盛开。

第 21 章

花时间陪伴孩子成长

有的家庭充满挑战，我发现这样的家庭有个共同特征，就是父亲的缺位。

有次在广州做“MCS+六 A”培训的经历令我印象很深。培训中谈到时间的话题，播放了一段视频。内容是一位爸爸年轻时一直拼命工作，想要挣更多钱，给孩子提供更好的生活，但因此错失了陪伴孩子成长的时光。

视频播放到一半，我隐隐约约听见有哭泣声，视频播放完，啜泣已经变成号啕大哭。

痛哭的是一位父亲。这位父亲现在事业小有成就。早些年，他做长途货车司机，总是在路上，很少回家。孩子从出生到长大，他跟孩子相处的时间屈指可数，留下许多遗憾。为工作奔忙，希望为孩子提供更好的物质条件，结果却牺牲了孩子最需要的情感联结。他的孩子现在面临很大挑战。

平日，我常看到一群男士下班后一起吃饭聊天。当然，人需要和同事朋友相聚，放松、解压。我只是猜想，在那段时间里，会不会有一位妻子、一个孩子，正眼巴巴盼着自己的丈夫、爸爸回家？

花时间陪伴孩子成长很重要，不仅是孩子的需要，对我们自己来说也是件很美好的事。

不花时间陪伴孩子会失去什么

一、会错失很多美好的人生回忆。

比如：孩子第一次走路、第一次说话、第一次摔倒后爬起来、第一次去幼儿园……这些“第一次”，都是在跟孩子建立情感联结。

二、会失去训练孩子的机会。

我很喜欢看巴菲特和比尔·盖茨的故事，这两个人是好朋友，他们的成长都深受父亲影响。

巴菲特的父亲是美国国会议员。他的父亲以清廉、正直赢得了同僚们的尊重。巴菲特在回忆录中写道：在人生中，每当难以做出选择时，我就会想，如果是我的父亲，他会怎么做。

大家都认为比尔·盖茨很成功，很有影响力，但其实他父亲在社区和社会中也非常有影响力。

比尔·盖茨的父亲写过一本书叫《盖茨是这样培养的》，这本书的英文原名是 *Showing Up for Life*，书里谈到他对生活、事业、家庭、子女教育、慈善等的思考。

比尔·盖茨会思考，如何能像父亲一样给社区和社会带来影响力。由此可以看到，如果没有足够的时间陪伴孩子，就无法把价值观传递给孩子。

因此，我们不仅要做孩子肉体的父母，还要做他们心灵的父母。

我在培训中提过“过程法则”：孩子不会从不懂事突然就变成熟。每个人的成长都有个过程。父母需要花时间跟他们在一起，通过每天的生活去影响他们。

比如，孩子跟随父母去看望老人、做公益，他们会看到你如何对待长辈以及有需要的群体；日常生活中，通过和你的相处、观察，他们看到你如何处理家庭关系、朋友关系……这些都潜移默化影响着孩子。

三、失去自己成长的机会。

男人会从毛头小子转变为丈夫、父亲的角色中，慢慢学会承担责任。在此过程里，我们不断被孩子雕刻，变得越来越谦卑——不再靠权威来“镇压”孩子；开始学习舍己——愿意为孩子放下自己；也开始更加忍耐——学习等待孩子成长。

对男人而言，谦卑、忍耐和舍己，是职场中很重要的领导力特质。因此，跟孩子在一起，其实也对你在职场里成长有帮助。

一个人，如果不能照顾好自己的家，又怎么去承担更大的社会责任呢？

陪伴孩子的三个好处

第一，“流泪撒种，必欢呼收割”。任何事有付出才会有收获。

我有个好朋友，孩子小的时候，他花了很多时间陪伴。陪孩子聊天，能聊两三个小时，有时候甚至聊到深夜。孩子到了青春期，突然变得很叛逆，出现了很多问题。他很难过，不知道怎么办。我安慰他说，你过去付出的一切都不会白费，你只需要继续爱他，等候他。

果然，今年他告诉我，孩子发生了很大的变化。现在，孩子已经考上大学，亲子关系重新变得亲密起来。

第二，留下美好回忆。

祝福藏在时光里。陪伴孩子成长，会给我们留下很多美好记忆。回忆越多，情感联结越牢固。我们喜欢见老朋友、参加同学会，就是因为有很多共同回忆。

我们父辈的那个年代，科技通讯、网络社交没那么发达，他们一生中接触的人很有限，但个体之间的交往很有深度。

我妈妈曾是小学校长，每天接触最多的就是同事，社交圈也许没那么大，但她们感情很深，一起面对生活中的种种，一起变老。

抑郁、焦虑是当代大部分人会面临的心灵问题。原因之一就是缺乏亲密关系。人们的社交范围在扩大——以前，人在很小的范围内活动，一个人一生中只能认识 300 人。现在，我们的足迹可以到达世界任何地方，一辈子可能会接触到 3000 人。

社交范围扩大了，却缺乏有深度的关系，变得越来越孤单。我们需要与父母、儿女、朋友有深度的关系和联结。

第三，生命会变得更加成熟。

孩子就像雕刻家手里的小刀，不断地“雕琢”我们。孩子刚出生，父母不断喂奶、哄睡、换尿布，经常睡眠不足，身体疲惫。等孩子大一些，又面临教育的压力。社会环境有时会给孩子一些不好的影响，对此我们该怎么办？如何帮助孩子建立正确的价值观？

有时，我们也发现自己跟不上孩子成长的脚步。记得儿子读大三那年，把他写的一些文章拿给我看。我发现想要跟上儿子思考的深度，已经不容易。

这些是挑战，但也是我们成长的机会。著名亲子教育专家马睿欣在《管教的智慧》一书中说：“养孩子让人学会谦卑，如果养育一个特别难养的孩子，我们就有机会重整生命。”

很多人说，我也知道陪伴孩子很重要，可工作这么忙，根本没时间该怎么办？

在人的成长过程中，有四个重要领域：心灵的健康，它关乎你做事的原则、动力来自哪里，目标是什么；健康的身体；家庭关系，按照在家庭中的角色来处理相应关系，并且为每种关系分配时间；职业，在专业方面不断提升。

因为工作忙，所以没时间陪孩子、投入家庭关系的话，也许我们需要学习一些时间管理的技巧。人生如同马拉松，不是短跑，不是比赛看谁跑得快，而是看谁跑得远。家庭、事业、工作和个人这四个领域是一个整体，不能分开各自为战，它们需要一起和谐，需要一起成长。

因此，我们可以常常检查自己在这四个领域的表现：我做事有原则吗？做什么可以让身体更健康？家庭关系怎么样？在职业上有进步吗？

第 22 章

孩子的成长，有他们自己的时间表

养育孩子的过程中，每当父母遇到很大的挑战和痛苦，容易质疑自己：我是否做错了什么？有时，并不是你或者孩子做错了什么，只是因为孩子成长有他的时间表，我们需要按照他成长的时间来接受和互动。

正如有的人养花，恨不得过一个晚上花就全部盛开。我们常常很想要“明天开花，后天结果”这样的高效率。但是，我们也明白，花开的速度和你的努力程度没有太大关系。花不会因为人晚上不睡觉一直盯着它，期盼它快快生长就快长快开。花儿仍然会按照它自己的时间，到时候了才开花，到时候了才结果。

本章我想通过“花开会有时”这个主题，帮助父母了解孩子的时间窗。在孩子的每一个成长时期，哪些是重要的？我们该做些什么？如何等候他的时间？

认识标准：除了自己的小手表，还有一个大手表

俗话说：忍字头上一把刀，忍耐等候对很多父母来说非常痛苦，尤其看到孩子深陷痛苦走不出来，父母更加煎熬。然而，忍耐等候其实也是父母成长的机会。

万事万物，日出日落，花开花谢，整个宇宙有它自己的运转时间。养育孩子也如此。很多人的痛苦在于常常想要把客观的大表盘拨快，希望客观的时间节奏来适应我们的时间节奏。但实际上，这个宇宙的大表盘才是标准时间，我们不能改变标准时间，只能去接受。

一个人经过时间磨砺，开始学习等候，知道有些事情不能着急，就会越来越成熟。越成熟的父母越能谦卑下来，不再按照自己的时间表做事情，而是去等候，调整自己的节奏以适应更大的时间表和节奏，与之一致。宇宙事物有自身的规律，世界不是以我们为中心运作的。

有些父母希望孩子在幼儿园时期就能认多少汉字，能背多少诗词。如果我们违反了孩子发展发育的规律，只按照自己想要的时间表，期待孩子幼儿园完成小学的任务，小学完成大学的任务，孩子未必能成才。在教育历史中，没有这样成才的例子。相反，听到的更多是《伤仲永》的故事：小时候过度开发，长大

之后很容易失去原来的聪慧，变得非常普通。

孩子的成长过程有规律，有不同阶段的发展特点，其中分为很多方面。首先，成长包括身体的成长，身体发育有其特定时期，我们不能揠苗助长；此外，还有认知的成长，以及更为重要的心灵成长、价值观的成长。

这几个方面的成长也有其特定时期。很多对孩子身体成长的研究发现，孩子的大脑、骨骼、身高在各个时期都有明确的科学数据支持；认知的成长也有其各个阶段的思维能力和学习能力，所以孩子的知识也要按照孩子的认知能力和接受能力来教导；孩子的心灵和价值观成长也同样有其阶段性，不能期待一个 10 岁的孩子像成年人一样成熟，总是能够做对的事情，这不现实。所以，我们要接受这个事实：每一个孩子成长都有其时间表，我们要学会等待。

学会等候成功

等待，需要人学会安静，放下自己的期望和别人的比较，做好了自己各样的本分，然后耐心等候。这就像一个农夫撒下种子，做好本分的护理，然后耐心守候种子发芽和生长。

要想忍耐等候成功，我们首先要有敬畏。对生命的敬畏、对孩子成长过程的敬畏。父母千万不要认为“我的孩子我做主，我的孩子我开发，我的孩子就是我的一块田，任由我耕耘”。这样“人定胜天”的观念只会带来悲剧。生命背后自有相应的节奏和时间，有它的安排。我们要谦卑地去观察和调整自己，按照客观节奏去做，尊重敬畏生命，尊重敬畏宇宙运行的道和秩序。

其次，放下自己的期望。很多时候，我们不能等候到底的原因在于我们对孩子有很多期望，期望他应该是什么样子。然而，每个孩子都不一样。如果父母认为“我的孩子应该很早就懂事”，那这样认为的你就要学会放下自己的期望，去留意观察和支持孩子，而不是让孩子按照父母的时间表来发展。

我碰到过很多认真的父母，当父母过分认真，就会给孩子带来很大的压力和伤害，以至于孩子选择逃避。有的父母规划好了孩子从出生到18岁的每个时期，包括什么时候该启蒙英语，什么时候做什么，什么时候学习什么，几乎每一步都做好了规划。如果父母有这么严格的期望，就很难等候花开有时，很多时候会失去忍耐，因为你发现现实不是按照自己的时间表走的。

第三，要想忍耐到底，就永远不要拿自己的孩子和别的孩子比较。每个孩子都独一无二，都是特别的，所以不要只盯着别人的孩子。比较会给孩子带来伤害和压力。

养育等候的过程中，我们该做些什么？

养花时，我们会定期浇水、修剪、驱除害虫、施肥。养育孩子同样需要父母在不同时间段做合适的工作。我把孩子的发展时间窗分成五个阶段：第一个阶段是 0—2 岁，第二个阶段是 3—6 岁，第三个阶段是 7—12 岁。第四个阶段是 13—18 岁，第五个阶段是 18 岁之后。在不同阶段，我们能够做些什么，来帮助孩子到了时候就能开花结果？

第一阶段：0—2 岁

孩子 0—2 岁的时候，父母需要做的重要事情是：尽可能地让孩子得到精心照顾，我们把它叫做“原初照顾者尽可能地稳定”。

孩子出生后最好由父母来照顾，来陪伴孩子成长，包括照顾、拥抱、喂养。原初照顾者不要换来换去，一会儿爸爸妈妈带，一会儿送回家给爷爷奶奶带，一会儿又送给保姆带，地方也不应经常变化更换。在孩子 0—2 岁时，原初照顾者更换频繁会给孩子带来不安全感。

我们发现很多父母在孩子 0—2 岁时婚姻出问题。因为孩子出生之后，很多家庭的节奏被全部打乱，妻子会感觉压力很大，睡眠也受到孩子影响。这个时期，丈夫要特别体恤妻子，夫妻二人需要花时间照顾到对方，把婚姻关系建立好，让孩子处在安宁的家庭环境中。

我们的同事结婚生子，孩子出生后的前两三年，我们鼓励他们在家工作，一边照顾孩子一边工作。因为在孩子生命的早期，原初照顾者对他们非常重要。在相应的时间窗就该做相应的对的事情，如果错过了这个时间，付出的代价会非常大。

第二阶段：3—6岁

孩子3—6岁时，重要的是开始学习行为习惯，学习遵守规则。要训练孩子尊重和顺服父母的指令，学会有规则地生活。

3—6岁，孩子也会进入幼儿园。有一个诺贝尔奖获得者曾经被问："你一生中受到的最重要的教育是什么？"他回答："我一生受到的最重要的教育是在幼儿园完成的。"

在幼儿园，孩子学会一些规则，比如排队，学习群体生活，不以自我为中心，比如学会弄脏了地面要擦干净，吃饭需要自己吃。孩子需要知道，他是在群体当中，需要学习品格和行为习惯。

第三阶段：7—12岁

孩子7—12岁时，父母要重点帮助孩子发展出价值观和道德观。3—6岁时，孩子被父母训练要排队，见人要打招呼，进出电梯要帮别人按住电梯，让别人先走，他只知道这样是对的，但不知道为什么。7—12岁时，我们要告诉孩子为什么这样是对的，比如为什么要排队，因为这是公正的。我们是平等的，我们需要公正。我们常说"左手关系，右手品格"，就是指12岁之前，要不断抓住机会，帮助我们的孩子发展出正确的价值观。

如果在12岁之前，父母错过了在这个时间去教导孩子正确的价值观，孩子就会是愚蒙的，分不清好歹，孩子不知道什么是对什么是错，而他在12岁后又刚好会进入到自主意识很强的发展时期，不愿意听父母的，想自己来尝试，这就非常危险。

假如父母在孩子12岁之前就教给他价值观，孩子就会接收，即使做不出来，也只是“软弱”。但终有一天，被爱滋养的孩子开始愿意去做，愿意去活出这些价值观，“软弱”就会变得“刚强”。在孩子12岁之前训练其价值观，这是他整个人生的根基。

第四阶段：13—18岁

孩子13—18岁期间，正是培养世界观的时候。价值观解释行为，解释人为什么要诚实，为什么要谦让；世界观则是价值观的奠基，解释“为什么诚实是对的”“为什么公正是对的”“为什么谦卑是对的”，等等。

孩子13—18岁之间，要培养他对这个世界真理性的认识，这非常重要。父母们要抓住这个机会，但不是以灌输的方式，而是以启发讨论交流的方式，逐步帮孩子形成稳定的世界观。

第五阶段：18岁之后

如果父母按着前面的这些时间规划尽心尽力去做的话，过了18岁，正常来说，孩子这朵“花”就开了。18岁是一个孩子开花的季节，这时他会表现出一些美善的行为，他的品格、价值观基本上趋于稳定。

但是，如果有的孩子 18 岁时并没有表现出相应的品格和价值观，家长也不要有挫败感，认为自己和孩子都失败了。要知道，他只是依然在成长。有的种子到时候就冒出来，但有的种子会在你以为它已经烂掉的时候才长出来，要学会在信心中等候。

如果前面该做的你都做了，又或者你可能错过了一些时间，在孩子大一些之后才开始做正确的养育，也不要紧。即使你是在孩子 18 岁时才开始学习去做对的事情，只要你开始去爱，那么孩子也许到了 36 岁会开花，变成一个正直美善的人。

我有个朋友的弟弟，在结婚之前就是个“混社会”的人。他的哥哥非常正直，一直为他弟弟难过，直到弟弟结婚了，他都认为弟弟一定会“害”人家。后来，弟弟有了两个孩子后，稍微有所好转。而这两年，他 40 多岁了，整个人就像脱胎换骨一样，变得正直美好。我们叫它“浪子回头”。即使浪子也会回头，所以，我们父母要带着盼望去做。

对父母来说，无论孩子在哪个年龄阶段，最重要的是永不改变地接纳他们，爱他们，带着信心等候他们。无论你过去做得多么失败，无论孩子现在多么糟糕，从现在开始，忘掉背后，从今天开始，学习去浇水、施肥。从现在开始，用对方可以感受到的方式去爱他，学习如何在孩子不同的年龄段去向孩子表达爱。

只要把爱浇灌进去了，你就可以带着信心等待。无论需要多少年，你付出的爱绝对不会浪费，就像雨水从天而降滋润大地，会给花草带来滋养，时候一到，小草就会从土里钻出来，花就要盛开。等候并不容易，你常常会觉得“等候很难”“我没有办法”“孩子太不像话”。但我希望可以提醒你，这意味着你依然还在按照自己的时间表工作，你依然还需要继续成长，继续成熟。你要开始知道，每一个生命背后有他的时间，宇宙有一个标准时间。我们要学会谦卑，学会尽我们的本分，其他的则学会放手。这个放手不是无奈，而是带着盼望，在信心当中放手。

7

养育法则六：重新定义“管教”二字

为什么要在家里立规则？我想至少有三个原因。

首先，立规则是为了保护孩子。孩子一出生，来到这个世界上，他不知道有些事情会对他的身体造成伤害。因此，我们需要建立规则，来保护孩子的身体。

其次，立规则是为了训练孩子的价值观。什么事可以做？什么事不能做？为什么可以做？为什么不能做？这些问题的背后都反映出了某种价值观。

再次，立规则让孩子学会建立合宜的界限。每个人都是独立的个体，孩子们需要明白自己的界限在哪里，什么是别人的责任，什么又是自己的责任。

第 23 章

设定健康的界限

在设定界限方面，我曾遇到过两个很极端的家长。

第一个家长，他要求孩子不能玩游戏、不能看电视，读什么书、交什么朋友，也都需要先经过父母的审查。后来，这个孩子出现了很严重的情绪问题。

第二个家长，她相信每个孩子都有做正确事情的能力，因此她认为孩子不需要管教，只要给孩子自由、好好地去爱孩子就够了。

我见到她的时候，她把手臂展示给我看，上面布满了伤疤。我以为她是因为压力太大，开始自残。结果她告诉我，这每一块伤疤都是孩子弄的。她的孩子一有情绪，就会用力抠她的胳膊或者用牙狠狠地咬她。

别人告诉这位妈妈，你只要再坚持一下、忍耐一下，继续去爱孩子，孩子就会慢慢地转变。

这是两个很极端的例子，一个建立了很严格的界限，另一个完全没有界限。其实，还有第三类家长，他们时而严格，时而又完全放任孩子。因为自己没有一个清晰的界限，孩子也感到无所适从。

第一种父母，他们把自己看成了权威。他们行为背后的潜台词是：父母是不会犯错误的。这样的父母非常辛苦，他们要求自己不能有情绪、不能犯错误、必须公正。他们完全地控制着孩子，结果导致孩子很难发展出判断力和做决定的能力，有些孩子还会出现抑郁、逆反等问题。

第二种父母，完全放养孩子。他们深受以人为本的思想影响，他们认为给孩子机会、空间和自由，他们自己就能学会负责。这种父母很容易对孩子放任自流。孩子无法学会负责。

第三种父母，缺乏清晰健康的界限。

那么，到底该如何设立健康的界限呢？

第一，我们必须承认，我们和孩子都需要彼此的爱、宽容与接纳。

第二，在无条件的爱中，父母和孩子都可以保持真实的状态。接纳的意思并不是说，即使孩子做错了，父母也不指出来。如果是这样，孩子感受到的不是被接纳，而是父母缺乏原则性。因此，保持真实非常重要。

第三，不管是我们自己还是孩子，都需要有一个共同的为人处世的标准，我们一起朝着这个标准努力。

我们可以从三个方面，帮助孩子在这些方面发展出健康的界限：生活技能、价值观、处理情绪和问题。

第一点：生活技能

随着孩子一天天长大，他需要一些基本的生活技能，来照顾自己，保持身体的健康和安全。

孩子小的时候，凡是孩子有能力做的事情，我们就让他自己来做，而不要替他们去做。像个人卫生、做饭、买东西等，都是孩子基本的生活技能。

我曾看过一个视频，一个农村的小孩，也就四五岁的样子，用自己的小手揉面、做馒头，然后放到锅里去蒸，最后蒸出一锅又白又大的馒头。

我们看到，孩子的潜能是无限的。千万不要低估了孩子的能力。孩子越小的时候，你让他去做，他越愿意做，因为他觉得很有乐趣。当孩子大了，让他去做，他反倒不想做了。

第二点：价值观

做父母的，不只是养育孩子的身体，我们也是在养育他们的灵魂。孩子小的时候，我们训练他们的价值观；当他们长大了，他们就可以按照正确的价值观去为人处世。这就像放风筝，我们不能把风筝抱在怀里，而要尝试着让它慢慢地迎风飞舞，越飞越高。

人本主义相信孩子有能力做对的事情，而我们认为孩子天生是以自我为中心的，他们需要被训练，需要管教。

在孩子的价值观还没有建立起来之前，如果他们聚在一起，又没有一个成年人在身边，通常会做一些很坏的事，比如，打架、说脏话等。

我的儿子有时候上网，会觉得很受伤害。因为网上有很多不可思议的言论。这也让我想到，孩子如果从小被保护得太好，当他遇到这样的情况，就会很难接受：这个世界上怎么会有人这么不讲道理，说出如此龌龊的话？一个人怎么能把另一个人骂到狗血喷头？

孩子在 12 岁之前，是价值观形成的关键时期，父母可以通过一些品格故事、父母的榜样等塑造他们的价值观。

记得孩子小的时候，我带着孩子一起去放风筝。有时候线放得太快，风筝一下子就掉下来了。所以对孩子，我们要慢慢放手。在孩子很小的时候，不要让他接触太多与我们的价值观不符的东西。

等他慢慢地飞稳了，再渐渐地让他们去接触，观察他的反应，同时不断地跟他交流。

当孩子到了青春期，我们能对他们的影响就很有限了。这时候，就是在考验我们过去的根基如何。这时，我们要少教导，保持对孩子的接纳和爱。

我们要多认同他们的情绪，不要批评，多鼓励。多给孩子空间，让他自己做判断，就算错了，也不要急着纠正。你要相信，以前撒下的种子都不会白费。

凡事都有定时、定期。有的孩子，到了青春期，让父母觉得很陌生，之前撒的种子好像都白费了。但你要相信，总有一天他会改变的。

第三点：情绪

关于情绪界限，希望父母们记住：谁的情绪是谁的问题。如果你感到被孩子冒犯、有情绪，你就要思考如何处理自己的情绪。

消极思维的家长会说，“都是你的错”；而积极思维的家长则会说，“我有情绪，是我的问题”。

每个人的问题都要自己来解决，我们的孩子也一样。不要觉得，孩子一有问题，就是我们的问题。孩子冒犯老师、学业压力大、被同学欺负，他因此烦恼痛苦，这都是他的问题，而不是我们的问题。

我的意思并不是说，对于孩子的问题，我们不管不问。我的意思是，孩子痛苦的时候，我们可以安慰他、倾听他、鼓励他，我们所做的一切，都是希望他能找到解决的办法。我们绝对不要做拯救者，把孩子的问题当作自己的问题来处理和解决。

希望我们的父母，都能常常问问自己，我们是哪种父母？

第 24 章

重视规则的作用

为什么要在家里立规则？我想至少有三个原因。

首先，立规则是为了保护孩子。孩子一出生，来到这个世界上，他不知道有些事情会对他的身体造成伤害。因此，我们需要建立规则，来保护孩子的身体。

其次，立规则是为了训练孩子的价值观。什么事可以做？什么事不能做？为什么可以做？为什么不能做？这些问题的背后都反映出了某种价值观。比如，为什么要对别人有礼貌？为什么不能说脏话、冒犯别人？这些规则，都是为了帮助孩子明白背后的价值观。

再次，立规则让孩子学会建立合宜的界限。每个人都是独立的个体，孩子们需要明白自己的界限在哪里，什么是别人的责任，什么又是自己的责任。

很多人都会意识到立规则的重要性，但是也会经常进入一些误区。有时候，我们设定的规则，孩子根本做不到，或者他虽然做到了，以后又会反抗。我总结了七个常见误区：

误区一：规则变成了“我的规则”

父母为了控制孩子，完全从自己的角度来立规矩，忽略了这些规则是否公平、是否合理。家长需要常常问自己：我设定规则的目的是为了控制孩子，还是为了孩子好？举个例子，有位家长，他要求孩子每次考试都必须考100分，如果做不到，就要接受惩罚，这显然是为了控制孩子。一般的家长可能不会这么极端。但是，你一定听过这类的说法：“在我们家是不允许失败的！”

显然，这是一个完全从父母单方面的意愿出发确立的规则，对孩子来说是很不公平的。这样的父母，在跟孩子的“权力斗争”中，总是在追求“赢了”孩子。其背后的潜台词是：我要让你听我的话。这样的模式，在孩子小的时候，可能会有效；但是，当孩子长到一定年龄，可能就会开始反抗。

误区二：民主协商式

有些父母，很“民主”，任何事情都愿意跟孩子协商。但问题是，当父母跟孩子的意见不一致时，他们不愿意运用父母的权威，来设立规则；反倒直接放弃了规则。他们会说，“既然我们意见不一致，那这个问题就算了吧。”

做父母的，当然需要尊重孩子，但这并不意味着放弃做父母的权威。以前，亲子教育专家马睿欣老师写过一本书，叫《管教的智慧》。里面有一章，讲到“不要和孩子做朋友”，很多人一听这个说法会觉得有点不可思议，因为我们现在很鼓励跟孩子做朋友。但是父母跟朋友是有区别的，如果是朋友，他的意见你可以听也可以不听；但父母跟孩子之间不是这样，成长期的孩子，他需要听父母的话。当然，我们不能因此在做决定时，就蛮横、无理或者不公平。

误区三：没有规则

很多家庭，不给孩子设定规矩。这样家庭中的孩子，很容易以自我为中心，没有规矩。

这个世界是在秩序当中的，规则无处不在。世界的秩序，就通过各种规则、法律来维持。疫情期间，我去泰国，我一下飞机，就要接受隔离。在酒店里，我需要遵守隔离的规则：每天要量两次体温；隔离期内，需要做两次核酸检测；每次跟工作人员沟通，需要佩戴口罩；隔离期内，不能外出，等等。

规则无处不在，因此，我们一定要帮助孩子建立规则意识。

误区四：规则过紧

有些家长，在给孩子设定规则时，缺乏体谅。有些规则，父母连自己都做不到，却要求孩子去做。这样的规则，让孩子没有喘息的空间。我看到有些学校，为了追求高考成绩，把孩子的时间安排得满满的，甚至以 5 分钟为单位进行安排。我怀疑这些孩子，他们的创造力和其他特质的发挥是否会受影响。

我相信，孩子的成长，既需要空间，又需要界限，这样他们才能有更好的成长空间和创造力。

有经验的牧羊人都知道，如果把羊群放在没有围栏的草场，它们反倒长不好，因为它们没有安全感。如果把羊群放在有围栏的草场，让它们既有空间，又有界限，它们就既有自由又有了安全感，会成长得很好。

因此，在设定规则之初，我们做父母的，要换位思考，这些规则，我们自己是否做得到。

误区五：规则过松

很多家长会在孩子小的时候，认为他们还小，不懂事，因此给孩子太多的自由，太少的限制。当孩子渐渐长大，我们才开始设定规则，却发现孩子已然很难管教。

其实，我们的秩序弄反了。

盖瑞·艾卓（Gary Ezzo）是一位儿童行为专家。关于管教子女，他有一个漏斗理论，清楚地阐明了管教和孩子自由之间的关系。

漏斗理论认为，当孩子年龄越小，父母越要给予他很多的规矩和教导，让孩子在一个有规矩又安全的环境下长大。随着年龄的增长，孩子学会担负责任，而他们的自由也随之扩大。

误区六：被动设限

我们通常在有问题、有冲突的时候，才开始设置规则。这是一种被动的设限。我们建议，要主动设限。就是当孩子还没有出现问题时，就开始设定界限。

比如，孩子需要规律的作息习惯，我们可以提前跟孩子约定好，日常的作息规则；而不是当孩子天天早晨起不来床，上学迟到，我们才开始想到要设定规则，这样就很被动。

误区七：立了规则，却不执行

很多家长，虽然有立规则的意识，却不能去执行。这样，慢慢地，家长在孩子心目中，就没有权威了。因此，家长立了规则，就一定要去执行。

立规则时，我们需要注意什么?

当孩子具备某一方面的能力时，我们就要为他制定相应的规则。

比如，当孩子开始能够自己吃饭的时候，我们就可以为他制定吃饭的规则：到了吃饭的时间，就需要吃饭；过了吃饭的时间，就只能等到下一顿再吃了。

正常的孩子，每天适当运动，饿了吃东西，这是他们的本能。我们在吃饭的问题上，浪费了太多精力。孩子吃饭是他自己的事情，反倒成了我们的问题。

孩子小的时候，我们就开始给他设立一些规则。当他大一点，就需要安全的规则。比如，孩子到了青春期，每天晚上几点回家，这就是一个界限，违反了界限，需要承担什么后果。

我们要判断，什么事是孩子能够做的，什么是他应该做的。只要孩子有能力做，就要多鼓励他去做。

结合品格教育，在孩子 12 岁之前，我们要教导孩子品格。比如，当孩子学习尊重的品格时，我们就要教导他，跟别人说话的时候，要先喊称呼，比如，叔叔、阿姨、爸爸、妈妈等。

在一个健康的关系下，孩子会成长。我们跟孩子设定规则，当他们没有遵守时，我们执行相应的后果和管教。我们的目的，是让孩子在爱的关系里，认识到规则原来是为了保护我，是为了让我更加地自由。这样，孩子长大以后，就会很乐意遵守规则。

孩子在不同的年龄，会有不同的制定规则的方式。通常孩子越小，讨论得越少；孩子越大，讨论得越多。孩子 18 岁之前，不管孩子同不同意，只要我们的规则是合理的、公平的、符合真理的，我鼓励你，最后的决定权握在父母手中。

你可以想想，作为孩子的法定监护人，如果他到外面闯了祸，责任一定是我们来承担。

孩子 18 岁以后，所有的法律责任就由他来承担了。

如果孩子不遵守规则怎么办？

孩子不遵守规则，父母可能进入了我前面说到的误区。如果排除这些原因，孩子还是不听话，那么他就要接受后果。

提醒每位父母，越早训练我们的孩子心甘乐意地遵守规则，他越会被保护。作为父母，我们也要常问自己：我是一个愿意遵守规则的人吗？

第 25 章

如何处理闯祸

有两件事一直激励着我做家庭教育工作：

第一件事是，我的工作让我自己的家庭从中受益。托尔斯泰说：“幸福的家庭都是相似的，不幸的家庭各有各的不幸。”我相信有一些原则，是可以帮助大部分家庭的。我们的家庭受益于这些原则，因此，大部分时间，我们的家庭氛围和平安宁，我们可以享受做父母的时光；即使有挑战、有难处，我们也能很踏实地去应对。

第二件事，就是一种责任感。当我看到不断有悲剧发生的时候，我会感到一种责任感和使命感，就是一定要去把正确的教育原则分享给更多人。

前段时间，武汉的一位中学生跳楼了。其实这个事件的起因很简单，这个孩子在学校玩扑克，老师请家长到学校协助管教。结果，这位妈妈情绪有些激动，就在走廊里打了孩子两个耳光，紧接着悲剧就发生了。

我看了网上的视频，心里特别难过。我想如果这位妈妈受过一些训练，换一种方式处理，结果就会不一样。这样的事情，我相信，每一天都在学校和家庭上演。

有人可能会说，这么小的事，至于跳楼吗？其实孩子站在那里的两三分钟，是最让人痛心的时刻，他内心完全被绝望占据了。

我们做家长的，有没有可能把那些本来可能酿成极端事件的、可能让孩子记仇一辈子的时刻，转变成一个表达信任与爱的机会呢？有没有可能，让孩子能够一生记住这些爱，并且成为他人生中的安慰、鼓励和动力呢？

我想分两个部分来分享。第一个部分是，在没有突发事件的时候，我们父母应当做些什么？我们该如何预备好自己？如果平时我们没有预备好，遇到特别情形的时候，就可能会出大问题。第二个部分是，在突发情形下，我们如何来应对？

平时父母该做什么

第一，我们要给孩子爱的存款

我们说“好的关系需要爱的存款”。大家都知道，如果我们彼此的关系存款丰厚，大事可以化小，小事可以化了。但是如果平时双方没有爱的存款，很多时候，小事就会酿成大祸。

我们和孩子的关系也是这样，平时要有足够的存款和爱。比如，在武汉的这个事件里，如果这位妈妈平时给予孩子很丰厚的爱的存款，那么就算她做出了一些过激反应，这个孩子也许会因为有存款，而有力量去面对这种羞辱。

我也在心里为这位妈妈默默祈祷，希望她能够从这件事中走出来，不然真不知道她要如何面对漫长的人生。

平时如何存款呢？

在生活中，我们可以根据孩子不同的爱的语言来积累存款。有一本书，叫《爱的五种语言》，里面提到了我们表达爱和接受爱最常见的五种语言：肯定的言语、精心的时刻、礼物、服务的行动和身体的接触。我们可以根据自己孩子爱的语言，选择相应的方式来表达爱。我们既可以对孩子说肯定和鼓励的言语，可以制造精心的时刻陪伴孩子，也可以多关心和拥抱他们。

第二，照顾好你自己

父母要留意自己的状态。如果你处在一个比较健康的状态下，你就很容易控制自己；如果你的状态不太好，遇到一些特殊的情况，你就会容易失控。

我们可以从三个方面，关注自己的健康状态。

首先，关注自己身心的健康。

我们要尽量保持身体的活力，不要让自己过于疲惫。如果你的身体或精神状态不佳，你一定要好好调整。如果你有焦虑、抑郁等问题，你要去治疗。否则可能会伤害自己，也伤害别人。

其次，关注婚姻关系的健康。

我们在处理亲子关系之前，要先认真处理自己的婚姻关系。我们可以留意自己在婚姻关系中是否有压力。如果在婚姻中有压力，我们很容易进入一种恶性循环，在婚姻中受到伤害以后，转身又去伤害别人。比如，有人遭遇了语言暴力，他可能也会对孩子说同样负面的语言。

最后，关注自己的社会压力。

要观察你的工作压力是否超出了你所能承受的范围，如果是，你需要去处理，同时也要反思是不是对自己的期望太高。

如果我们的身心、婚姻关系、工作带给我们压力，我们就很容易跟孩子发脾气。我们以为，在这个世界上，我们绝对不会去伤害自己的孩子，结果他们反倒很容易受到我们的伤害。

第三，对自己的父母身份有更深的认识

我注意到，心平气和的父母对自己的身份都会有三点认知。

首先，父母不是“拥有者”。

我们不是孩子的主人，而是照看孩子的管家。孩子是一份礼物，在他们生命中，有一段时间，由我们来保管这份礼物。作为管家，我们要尽心尽力地照顾好、哺育好他，最后放手，把他交还给他自己的人生。

其次，父母自己也要学习活在爱的关系里。

自己也需要被爱、被关心。

最后，从身份上，我们成为了父母，但我们的心智还没有完全成熟。我们要成为温柔且有原则的父母。

你怎么才能知道自己是否足够成熟呢？当孩子做错事、冒犯你的时候，如果你马上就被激怒了，就意味着你不够成熟；当你被冒犯了，虽然你会难过、会生气，但是总体上，你心里会想到孩子不懂事，继而心生怜悯之情、恩慈之心，感到孩子需要被训练，这时你就成熟了。

每个家庭都会碰到一些突发的事情，作为父母，我们平时要学习和成长，否则，当事情发生时，就不一定能够处理得当。这就如同士兵打仗，处理突然情况的能力，就是考验平时的训练情况。如果平时缺乏训练，在突发情况面前，就会手忙脚乱。

总之，我们平时跟孩子之间，要有爱的存款，日积月累不断地存，给孩子留下美好的回忆。我们要去解决自己的健康问题，关心自己的身心健康，关心自己的婚姻，关心自己的社会压力，让自己处在一个比较好的状态里。我们要清楚自己的身份，我们是孩子的管家，我们要活在爱的关系里，我们要成为心智上成熟的父母。

遇到突发事件，我们该如何处理？

孩子突然做了错事，让你难过，让你经受损失，没面子，感觉被深深地冒犯，这些都是突发情况。

这些突发情况可以分成两种：孩子无意间犯的错误；孩子故意冒犯你、故意犯错误。

情景一：孩子在无意的情况下犯了错误，该如何处理？

小时候，我的父亲很严厉。有一天，我走路的时候踢石头玩儿，结果一不小心，一块石头打到了一位女同学的头，她的头马上就出血了。我很害怕，因为我父亲很严厉，他当时是一所中学的校长，大家都很怕他，我也很怕他。

回家之后，父亲还没回来。我想，等他回家我肯定就完蛋了，他肯定会打我一顿。过了好一会儿，他终于回来了。没想到，他什么也没说，而是去做饭了。做完饭，他心平气和地叫我吃饭。我不知他为什么这么和气，我就告诉他，我走路的时候踢石头不小心把一个女同学弄伤了。他说："我已经知道了，我刚才就是去处理这件事了。你吃饭吧，你以后要小心一点，不要跑掉，你要来找我去处理。"

这件事，父亲在我的生命中存了非常大的一笔款，虽然他很严厉，但我心里对他没有怨也没有恨。我长大后，对他充满了敬重和爱。所以父母对孩子有爱的存款，就不要担心自己过于严厉。

在我儿子五六岁时，一个秋天的周六，我和一群父亲们一起踢足球。那天我们踢得特别开心，那真是一个完美的周末。

我的儿子和球友的孩子们在沙坑里一起玩。我们踢得正开心时，突然听到一个孩子“啊”的一声大叫，我们全都停下来，转过身去看。只见一个孩子捂着头，边叫着“爸，爸”边跑过来。我们赶紧围过去。那个孩子边跑边指着一边说“是他打的”，我顺着他手指的方向，心里咯噔一声，因为他指的是我的儿子。

那时，我最想做的事情就是走过去打我儿子一个耳光，这是我本能的反应。因为他破坏了我们完美的周六，还因为他给我惹了麻烦。那时候大家都只有一个孩子，每个孩子在家里都被当作宝贝，我很过意不去。

我朝儿子走去，我看到他很害怕地站在那里，就像当年的我一样。突然，一句话出现在我头脑中：“你不是说，无论我们的孩子犯了多大的错误，我们都要先爱他，先接纳他，管教总是在关系之后吗？”就在那一瞬间，我被愤怒劫持的大脑顿时变得理性了。我走过去，不是给他一巴掌，而是一把抱住他，把他揽在怀里，告诉他：“不要害怕。”他说：“爸爸，我不是有意的，我们在那里一起扔石头玩。”我说：“爸爸知道了，爸爸会和你在一起，一直陪伴你，我们一起来处理和面对，我们现在一起跟他爸爸把他送到医院去。”

那时候，我的态度变了，声音也变了。然后我就开车，带着那对父子一起去处理伤口。回家后，我让他写一个道歉的卡片，带着礼物去看那个孩子。

这件事情在很长的时光中，都是一笔存款。

我经常请我们的讲师问孩子两个问题："爸爸/妈妈爱你吗？"当孩子回答爱以后，接着问第二个问题"当你犯了很大的错误时，爸爸/妈妈还爱你吗？"我们希望孩子的回答是"还是爱"。有时，我问我儿子这两个问题，他会说："别说了，肯定爱。因为我打破了别人的头，你依然和我在一起。"

情景二：如果孩子故意犯错，该如何处理？

我们的孩子有时会故意犯错，有时甚至故意跟你对抗。比如，在你正吃饭的时候，他突然把碗一扔，说："我讨厌你！"

又比如，你正好在工作，工作压力让你心烦意乱，这时老师突然打电话，让你赶紧去一趟学校，你的孩子上课玩扑克牌，或者你的孩子跟别的同学打架了。这时候，你会怎么做？

我想，你可能会很生气，想要狠狠地把他修理一顿。孩子因此记恨你，有的孩子甚至会走极端。除了生气，我们还能做什么呢？我希望你能通过下面的四个步骤，来回应这种突发情况：

第一步，请你离开现场。

当你感觉快要控制不住情绪时，请你离开现场。因为在现场，你会控制不住自己，会发飙。比如，前面提到的这个妈妈，在去学校的路上，最好先让自己慢一点，深呼吸，摆脱愤怒的情绪。如果在家里，我们需要说："对不起，我需要去安静一下。"千万不要对孩子说："你给我滚开，我不想再见到你！"而是要让我们自己离开现场，说："我要稍微安静一下。"

第二步，问自己几个问题。

问题一：“我小时候有没有做过类似的事情，我有没有犯过类似的错误？”你会发现，我们原本也是有各种问题的，我们并不是一开始就像现在这样成熟的。

问题二：“这个问题，会持续孩子的一生吗？还是这只是一个过程？”对这个问题的思考，能帮助我们从全景上去看孩子，这样我们就不会把目光盯在眼前的事情上。

如果可能，问第三个问题：“在这件事情上，我可以学到什么？”

第三步：求助。

你要寻求帮助。如果你相信祈祷的力量，你可以祈祷。你也可以向一个值得信任的朋友求助。在养育孩子的过程中，我鼓励每一个家庭要有一个教练。平时可以向他学习，更重要的是，在这样有挑战的时候，你可以给他打电话、发微信，寻求帮助：“现在老师让我去学校，我该怎么办？”

第四步：和你的孩子站在一起。

无论他犯了多大的错误，你都要和他站在一起。如果老师跟你说孩子的情况，你可以跟老师说：“谢谢老师把我叫来，谢谢你的提醒，可以让我跟孩子说两句吗？”无论老师发多大的脾气，无论老师在大庭广众下怎样羞辱你的孩子，你要做的就是告诉他：“孩子，做错了事情，我们可以吸取教训。但无论你犯了多大的错误，我都爱你，我会和你在一起来面对这件事。”过后，你可以管教他。但是，在那个时候，一定要和他在一起。

事实上，不论孩子犯错是有意还是无意，这四步都用得上。

生活不容易，做父母的难免会遇上压力和挑战。我相信，我们平时训练得越多，当突发事情来临的时候，我们就越能够用正确的方式去回应，也可以减少很多悲剧的发生。

当孩子犯了错误，这可以成为他记仇的机会，也可以成为他感恩的机会，关键看你怎么回应。孩子越感恩，他越愿意去做美好的事情。

第 26 章

管教的最好方式——谦卑

一谈到管教的话题，大家通常都会很感兴趣。

我在做一天的培训课程时，上午我讲培养孩子的方向和目标，以及如何建立亲密的亲子关系，下午我讲如何跟孩子立界限、孩子越界以后如何管教等话题。

我发现一个有趣的现象：讲到上午的内容，总是有几位家长表现得心不在焉，一会儿拿出手机，一会儿又做点别的事情；而到了下午，当我讲到管教时，这些家长一下子就专心起来，他们甚至会开始做笔记。

当我问这些家长，他们为什么对管教如此感兴趣。他们就会说，我们不需要学习怎么爱孩子，因为我们都爱孩子，我们更想知道怎么管教孩子。

我告诉他们，如果你很清楚培养孩子的目标在哪里，而你自己又愿意去做一个榜样，并且跟孩子建立亲密的关系。那么，管教就不是一个问题。

相反，如果你既没有方向，跟孩子的关系又不好，你学了再多的管教技巧，都没用。因为你只想着怎么管住孩子，而这不是一个家长应该处的正确位置。

管教的最好方式就是去做一个谦卑的父母。

记得十几年前，我跟几个家庭一起去昆明做夏令营。其中有一位是美籍华人，他是一个研究所的科学家。当时恰逢暑假，他带着女儿到中国来做志愿者。我发现，他的女儿明显跟同龄人不一样。这个孩子非常友善、善解人意、顺服权威。

这位科学家父亲，给我最深的印象就是谦卑。

夏令营结束的第二天，我们一行人要赶早班的飞机，从昆明回到北京。

我们开车赶往机场时，发现高速路入口的收费亭里没人，高速入口敞开着。那时候，还没有 ETC 卡，因为要赶时间，我们就没有多想，开车上了高速。

当我们到了高速出口时，车子被拦了下来。高速工作人员让我们出示进入高速的票据，显然我们拿不出来。

我们解释说，因为入口处没有人，所以没有拿到票据。工作人员要求我们返回入口重新去拿。我们觉得很不公平，大家争执了起来。

这时，只见这位科学家父亲，走到窗口。他平静地跟工作人员沟通，主动补交了所有的费用。几分钟后，我们就被放行了。

这件事，给我留下了很深的印象，也让我看到了谦卑的力量。

谦卑是什么

既然说到谦卑，我们就要弄清楚谦卑到底是什么。谦卑不是低调，也不是以柔克刚。真正的谦卑是承认自己无能为力改变孩子；承认我们身上同样有一些问题，有时甚至比孩子的问题更严重；承认我们自己更加需要帮助和恩典；承认管教的目的，不是要“制服”孩子。

管教孩子，通常有两种方式。一种是父母先成为孩子的榜样，通过服务、爱孩子、生命的改变，用生命去影响生命。我们把这种叫做谦卑的管教，也叫权威型管教。

另一种方式，是通过控制、镇压，让孩子听话。我们把这种管教方式，叫权力型管教。

谦卑型父母，最大的特征是，虽然身处父母的位置上，却不愿意用权力来压制孩子。他们让孩子感受到被爱。他们给孩子选择的权利，耐心地等待孩子成长。当孩子出现问题时，他们先去改变自己，而不是改变孩子。他们去服务孩子，而不是镇压孩子。于是，他们在孩子心目中，就建立起了一种威望：孩子心甘情愿地去顺服他们。

这么多年，我不断地讲 MCS 家庭教育课程，最大的心愿就是希望更多的父母，愿意成为谦卑的父母，而不是权力型父母。

教育是一件代代相传的事。权力型父母养大的孩子，他们相信的就是镇压、强权的威力；而谦卑的父母养大的孩子，他们最清楚谦卑的影响力。

谦卑的父母，如何管教孩子

谦卑的父母，当孩子出现问题时，他们想到自己可能也有同样的问题。有一个父亲，他听了我的课，后来跟我分享自己的心得。他说每当看到孩子身上有这样那样的问题，他就想起自己还是个孩子时，种种不堪回首的表现，于是对自己的孩子，就多了一些接纳。

谦卑的父母，当孩子有很多问题，父母深受其苦时，他们心里没有愤怒，而是承认自己的无能为力。当孩子叛逆的时候，父母很容易被激怒，想要用强权的方式去镇压。谦卑的父母，会承认自己无能为力，需要帮助。

谦卑的父母，对孩子充满了怜悯。当孩子沉迷游戏、不想上学时，谦卑的父母，不是愤怒和指责，反倒一种怜悯之心油然而生。他们看到孩子需要引导和帮助。

谦卑的父母，会尽自己的努力，默默地去爱孩子。当孩子出现了很严重的问题，谦卑的父母，虽然心里也没有答案，不知道该怎么帮助孩子。但他们依然愿意去默默地爱孩子，而不是逃避、不去面对。

对每一个父母来说，要做到真正的谦卑都很不容易。孩子的问题，就是雕刻家的小刀，帮助我们学会谦卑。

我很喜欢马睿欣在《管教的智慧》这本书里写的一句话，她说：“养孩子，让父母学会谦卑。养到一个难搞的孩子，父母就有机会重整生命。”我们在养育中，遇到一些挑战，这也是一个机会。我们是选择冷漠、逃避，还是谦卑地接受这个事实？

我遇到过很多家庭，孩子有这样那样的问题。有的孩子有身体上的障碍，有的孩子很叛逆。这些父母勇敢地接受事实，并且在生活中去寻求帮助，努力学习，用智慧的方式应对孩子的问题。这些经历，让他们的生命被更新。当别人遇到同样的难处时，他们可以成为一个安慰者和鼓励者。

如果你正在面临各样的难处，可以跟我们的爱到底家庭支持中心联系。我们愿意陪伴你走一程。

我很欣慰的是，我们的很多受训教练，他们都曾经历过各样的难处，有的孩子是 ADHD，有的经历过婚姻的破碎。在破碎中，他们谦卑下来，重建生命。现在，他们正在帮助有同样难处的人们。

管教的方法有很多，大家如果有兴趣，可以来上我们的 MCS 家庭教育课程。但是，我想提醒大家，所有这些方法，之所以会有用，是因为使用它们的父母，已经有了一颗谦卑的心。他们不是居高临下，却假装谦卑，或者用情绪勒索、镇压、装可怜等方式让孩子听你的话。他们真正承认自己的无力。

后　记
愿每个读者的家庭都幸福

在过去的 20 年，我个人特别感恩的一件事情就是作为一个家庭教育讲员，持续给很多的父母分享家庭教育之道。

“幸福的家庭是一样的，不幸的家庭各有各的不幸”，在传讲家庭教育之道时，我对托尔斯泰的这句名言有了一些感悟。幸福的家庭之所以是一样的，是因为家庭生活有道，幸福的家庭都是按照这个道而行。反之，不幸的家庭因为反其道而行之，结果带来各种不幸。

当我发现了这些家庭生活之道，其实更准确地来说，是这个道找到了我，然后我自己的家庭成为受益者。当我去分享这个家庭生活之道的时候，很多的家庭听了这个道然后就去行动，也成为受益者。

现在，我分享的这些家庭生活之道编辑成书，呈现给广大读者。我衷心地祝愿每个读者都能发现这些道，并能行之有效，然后在家庭生活中找到幸福。

人生没有任何成功能够弥补家庭生活的失败。家庭的幸福不仅是个人的满足，更是对下一代的祝福，也是在让这个世界变得更加美好。

我在序言附上一篇“百万幸福家宣言”，在这篇宣言里，幸福家庭生活之道以最简洁的方式总结于此。读者可以常常拿出来读一读，提醒自己，常常行动，你的家庭一定会越来越幸福！

百万幸福家行动宣言

家庭是社会的根基，当我们建设幸福家庭的时候，我们就是在建设一个更美好的社会，一个更美好的未来。

我们愿意参与到“幸福家庭行动”中来，并认同以下宣言：

1. **幸福家庭的使命是：**

把家庭建设成为一个品格家庭，全家学习品格，实践品格，并把品格传承给下一代。

2. **幸福家庭的活动目标是：**

全家每个月学习并实践一个品格，全年 12 个核心品格是：

一月 更新，二月 顺服，三月 公正，四月 怜悯，五月 谦卑，六月 诚实，七月 坚韧，八月 接纳，九月 责任，十月 节制，十一月 感恩，十二月 信心。

3. **幸福家庭的基石是真爱**

真爱能满足每个人最基本的心灵需要：被无条件地接纳、肯定和关爱。在真爱里，我们不需要依靠表现和努力来赚取爱。无论我们犯了多大的错误，多么地失败，真爱永远都不会离开。

我们最大的挑战是不能做到无条件地接纳家人。“问渠哪得清如许，为有源头活水来”，我们需要不断地追寻爱的源头，用爱的活水来滋润我们的心田。

4. **幸福家庭的婚姻关系**

婚姻关系是家庭中的核心关系，幸福的婚姻是孝敬父母和教养儿女的保证。

活出舍己的爱是幸福婚姻的秘密。

丈夫是仆人式领导者，妻子是丈夫的帮助者。

夫妻互相敬重，彼此顺服。

5. 幸福家庭的孝敬

孝敬父母是顺应天道，孝敬父母的儿女必得祝福。

孝敬就是不断在品格上成长，因着品行端正而让父母被人尊重。

孝敬就是关爱父母的身心健康，供应生活所需，满足精神需要。

6. 幸福家庭的亲子教育

家庭是孩子人生的第一所学校，家庭是孩子品格成长的主要地方。

塑造孩子品格当做的 3 件事：

（1）父母不断在品格上成长，成为孩子成长的榜样。

（2）父母运用接纳、赞赏、关爱、给予时间等原则和孩子建立亲密的关系。

（3）父母为孩子设定界限，用权威施以真正管教。

7. 幸福家庭的社区服务

幸福家庭需要承担爱邻舍的责任，服务有需要的人群，成长为一个服务型的家庭。

我们全家将会影响更多家庭参与到“幸福家庭行动”中来；参与社区志愿者活动；关心有需要的家庭，通过物质和精神的帮助传递爱心。

世上没有一个完美的家庭，每个家庭都有不同的问题和挑战，但是幸福家庭是我们的蓝图，也是我们全家成长的方向。我们相信每个家庭在爱中的成长，会让世界变得更加美好！

幸福家庭签名：

时间：　　　年　　月　　日

地点：